Il a été tiré de cet ouvrage

75 exemplaires sur papier pur fil des papeteries Lafuma,
à Voiron, numérotés 1 à 75.

CHARLES LE GOFFIC

STEENSTRAETE

UN DEUXIÈME CHAPITRE DE L'HISTOIRE

DES

FUSILIERS MARINS

(10 NOVEMBRE 1914 - 20 JANVIER 1915)

Avec deux cartes et quatorze gravures

PARIS

LIBRAIRIE PLON

PLON-NOURRIT et Cⁱᵉ, IMPRIMEURS-ÉDITEURS

8, RUE GARANCIÈRE — 6ᵉ

1917

STEENSTRAETE

UN DEUXIÈME CHAPITRE DE L'HISTOIRE

DES

FUSILIERS MARINS

Ce volume a été déposé au ministère de l'intérieur en
1917.

OUVRAGES DU MÊME AUTEUR
(Prix d'ensemble Alfred Née. Académie française, 1908.)

POÉSIE
Poésies complètes. *(Amour breton; le Bois dormant;
le Pardon de la reine Anne; Impressions et Souvenirs.)*

ROMANS
Le Crucifié de Keraliès. *(Ouvrage couronné par l'Académie française.)*
La Double Confession.
La Payse.
Morgane.
L'Erreur de Florence.
Les Bonnets-Rouges.
Ventôse.
Passions celtes.
Le Pirate de l'île Lern.
La Théologale. *(En préparation.)*

CRITIQUE
Les Romanciers d'aujourd'hui.
Nouveau traité de versification française.
Racine. *(2 volumes.)*
**La Littérature française au XIXᵉ siècle, tableau
général, 1800-1914.** *(2 volumes.)*

ÉTUDES DIVERSES
Sur la Côte. *(Ouvrage couronné par l'Académie française.)*
Les Métiers pittoresques.
Fêtes et Coutumes populaires.
L'Ame bretonne. *(Trois séries.)*
Bourguignottes et Pompons rouges.
**Les Marais de Saint-Gond, histoire de l'armée Foch
à la bataille de la Marne.**
**Dixmude, un chapitre de l'histoire des fusiliers
marins.**
**Saint-Georges et Nieuport, suite et fin de l'histoire
des fusiliers marins.** *(En préparation.)*

PARIS. TYP. PLON-NOURRIT ET Cⁱᵉ, 8, RUE GARANCIÈRE. — 22582.

LA GARDE DU DRAPEAU

CHARLES LE GOFFIC

STEENSTRAETE

UN DEUXIÈME CHAPITRE DE L'HISTOIRE
DES
FUSILIERS MARINS

(10 NOVEMBRE 1914 - 20 JANVIER 1915)

Avec deux cartes et quatorze gravures

PARIS
LIBRAIRIE PLON
PLON-NOURRIT ET Cⁱᵉ, IMPRIMEURS-ÉDITEURS
8, RUE GARANCIÈRE — 6ᵉ

1917
Tous droits réservés

AU COMMANDANT

AUX OFFICIERS,

GRADÉS ET MATELOTS

DU

BATAILLON DES FUSILIERS MARINS

QUI

LE 31 JUILLET ET LE 16 AOUT 1917

SOUS LES ORDRES DU GÉNÉRAL ANTHOINE

EST MONTÉ EN CHANTANT

A L'ASSAUT DE POESELE

ET DE

DRIEGRACHTEN

A PRIS CES POSITIONS,

DEUX CANONS DE 77, QUATRE MITRAILLEUSES

ET A VENGÉ LES MORTS DE STEENSTRAETE

STEENSTRAETE

UN DEUXIÈME CHAPITRE

DE

L'HISTOIRE DES FUSILIERS MARINS [1]

I

LA NUIT DU 10 NOVEMBRE

Pouvions-nous conserver Dixmude? Le commandement ne s'était-il pas trop hâté de couper les ponts, et l'entrée en ligne de nouvelles forces n'aurait-elle pas fait changer de camp à la fortune (2)?

[1] *Copyright by* Plon, 1915.
(2) Il est certain que toutes les compagnies dispo-

La ville était tombée, mais le secteur Nord de la défense s'était ressaisi, et toute contre-offensive vigoureuse qui fût partie du Haut-Pont l'eût trouvé prêt à l'appuyer. Il semble bien que le commandement ait connu trop tard la situation exacte de ce secteur, auquel il n'était pas relié téléphoniquement et qui n'avait pu faire parvenir jusqu'à lui un seul de ses hommes de communication (1) : la colonne allemande qui s'y était introduite par le pont romain, en

nibles ne donnèrent pas le 10 novembre. La 6ᵉ, entre autres, resta l'arme au pied, ce qui a fait dire : « Si on l'avait fait contre-attaquer ce jour-là, en même temps que la 7ᵉ (Gamas), les Allemands ne seraient peut-être pas restés longtemps à Dixmude. » Mais l'entreprise était bien risquée. Et avec quoi nous fussions-nous opposés au passage des Allemands sur la rive gauche, si elle avait échoué?

(1) « Aucun messager n'est revenu, sauf mon fourrier Le Quintrel, qui n'a pu atteindre l'Yser, mais, avec sa chance coutumière, m'a rejoint à la nuit en traversant, le long des fossés, les lignes allemandes. » (Journal du lieutenant de vaisseau C...)

capturant sur sa route l'ambulance du docteur Guillet et en démolissant la réserve du commandant Rabot, avait été enfoncée presque aussitôt par la colonne d'Albia, les abords du canal nettoyés, les mitrailleuses belges de la route de Beerst remises en action, les tranchées organisées et renforcées d'un rang de tireurs dans les chemins de ronde pour répondre à l'éventualité d'une attaque combinée (1). Mais, ni au nord, ni au sud, l'ennemi ne revint sérieusement à la charge (2) : aucune de nos

(1) Journal de l'enseigne C. P... et *Correspondance particulière :* « Devisse (officier des équipages) réussit à remettre en action les mitrailleuses abandonnées, que nous essayâmes ensuite de ramener dans nos lignes ; mais, à mi-chemin, les porteurs étant épuisés, nous dûmes les démonter et en jeter les diverses pièces dans des ruisseaux profonds d'où on ne les a sûrement pas repêchées. »

(2) « Pourquoi les Allemands ne nous chargent-ils pas ? C'est incompréhensible... Ils doivent nous croire bien pris et veulent sans doute se masser avant d'en-

patrouilles ne trouva le contact, sauf devant « une petite maison en bordure de la route », où le maître Tilizien, en épaulant, fut tué raide d'une balle au front (1). Les compagnies Béra, de Nanteuil, Baudry et Cantener, ou ce qui en restait, demeurèrent sur leurs

lever nos tranchées. » (Journal du lieutenant de vaisseau C...)

(1) « Combien de fois [le capitaine] a-t-il envoyé de patrouilles ? Cinq fois je crois. [La cinquième fois] le capitaine nous commande d'aller prendre possession d'une petite maison en bordure de la route. Il y a des mitrailleuses dedans... Nous partons. Tilizien, commandant la patrouille, marche devant. Arrivés à la route, nous faisons un feu de salve ; mais, pour mieux tirer, Tilizien monte sur le bas côté, se dresse et épaule derrière un arbre. Folle imprudence ! Il n'a pas tiré qu'il tombe raide, foudroyé par une balle lui traversant la tête. Nous nous replions précipitamment, au comble de l'émotion d'avoir vu tomber celui qui nous avait appris à tenir un fusil. » (Journal du quartier-maître Luc Platt.) Une partie de ce journal a été publiée sous le titre : *Un Parisien sur l'Yser*, par M. Jules Perrin, avec le plus délicat et le plus émouvant des commentaires.

nouvelles positions jusqu'à sept heures du
soir et ne se résignèrent à les quitter que
quand tout espoir d'une contre-offensive
fut perdu. Quelque quinze cents mètres les
séparaient de l'Yser : elles mirent cinq
heures à les franchir, et il est vrai qu'elles
emportaient leurs blessés et tout leur matériel. « Le ciel est couvert, écrit dans son
journal le lieutenant de vaisseau Cantener,
qui avait pris le commandement au titre de
plus ancien en grade. Pas de lune. » Mais
le lieutenant de vaisseau Béra avait reconnu
le terrain la veille ; puis une ferme (1) rou-
geoyait dans l'ouest, phare primitif comme
ces bûchers qui brûlaient autrefois sur les
caps pour guider les navigateurs. On marchait à la file, dans le plus grand silence,
et les blessés eux-mêmes étouffaient leurs
gémissements. Enfin, les communications

(1) Une meule de paille, selon Luc Platt

n'étaient pas complètement rompues, et la chance voulut qu'il restât sur l'Yser, à Toom, un petit « pont de tonneaux » où les hommes passèrent un à un (1). Ainsi les circonstances, la connaissance des lieux, l'habileté du commandement, le sang-froid et la discipline des éléments, qui avaient pour consigne de ne répondre à aucun coup de fusil et de ne servir l'ennemi qu'à l'arme blanche, tout favorisa l'écoulement de cette longue colonne d'hommes manœuvrant dans l'obscurité, à travers un inextricable lacis de buissons, de poches d'eau et de clôtures barbelées. Un tiers seulement de l'effectif du secteur manquait à l'appel. Sur 850 hommes, le capitaine

(1) « Il n'y a comme passage qu'un petit pont de tonneaux, où l'on ne va qu'un à un. Un gradé tend la main à chacun pour sauter sur le pont. Le défilé est long, très long, trop long... De l'autre côté, nous nous reformons en ordre, car nous sommes hors de danger. » (Journal du quartier-maître Luc Platt.)

Cantener en ramenait dans nos lignes 480, tant valides que blessés. La brigade, qui les croyait détruits jusqu'au dernier, regardait avec stupeur défiler dans la nuit ces revenants. « A une heure et demie du matin, écrit un des officiers de la compagnie Béra, l'enseigne P..., nous dormions loin du feu, dans la paille d'une grange (1). »

(1) « Et, à quatre heures, continue le Journal de l'enseigne C. P... [ce remarquable et très littéraire journal a paru depuis en librairie, avec certaines variantes, sous le nom de Claude Prieur et le titre : *De Dixmude à Nieuport*], nous étions rejoints par « un brave petit fusilier breton d'Audierne, Paillard Clet. Interrogé sur son retard : « Le lieutenant m'avait dit d'accompagner un blessé; alors, comme il ne pouvait plus marcher tout seul et que nous n'allions pas vite, nous avons perdu la colonne. » Ce bon petit garçon, qui, dans la nuit, avait perdu le contact avec nous, entre la tranchée et l'Yser, sans un cri d'appel ni une plainte, a traîné son blessé jusqu'à l'Yser. Là, trouvant la passerelle ouverte, il a voulu se mettre à l'eau pour prévenir. On l'a vu, on l'a hélé, il s'est fait reconnaître, et son blessé a été sauvé. Impossible de lui faire comprendre que son acte est héroïque; il

Mais, si Dixmude pouvait être sauvée, ce qui, en tout cas, eût exigé de lourds sacrifices, il n'est pas aussi certain que Dixmude dût être sauvée, et la décision de l'amiral, conforme à la nouvelle tactique de l'état-major, semble avoir reçu l'approbation de tous les esprits compétents. La bataille de l'Yser, engagée depuis le 16 octobre, prenait de plus en plus, de notre côté, le caractère d'une bataille défensive; sur tout le front septentrional, d'Arras à Nieuport, l'ennemi essayait de percer dans la direction du détroit : *Kales! Kales!* criaient en chargeant Wurtembergeois et Bavarois (1).

s'excuse simplement d'être en retard et à toutes les félicitations répond : « Le lieutenant l'avait dit. » Le lieutenant a dit aussi : « Tu auras la médaille militaire » et l'amiral a ratifié la promesse. »

(1) Il est à remarquer, en effet, que l'attaque de Dixmude le 10 novembre, comme celle du 22 octobre sur la boucle de Tervaete, ne fut pas un fait isolé et qu'elle se rattache à une action d'ensemble prononcée

Pendant sept mois, du 16 octobre 1914 à
la fin d'avril 1915, leurs masses énormes
rouleront avec le même cri sauvage vers
cette Jérusalem des espérances teutonnes
sur la Manche. Et, pendant sept mois, sauf
pendant la courte tentative d'offensive
générale du 17 au 23 décembre, la tâche
des armées alliées consistera uniquement
à leur opposer un « mur d'acier ». Dans
ces conditions, avec un flanc désormais à

le même jour par l'ennemi sur tout le front du Nord
(V. à l'*Appendice* le récit du major Miller Branden-
burg.) A notre droite même, le 10, il réussissait à
franchir le canal de l'Yser vers Poesele, entre le
fort de Knocke et Steenstraete. (V. plus loin.) On
s'accorde assez généralement d'autre part à faire terminer ce qu'on appelle la Bataille des Flandres le
15 novembre. Et il y eut, en effet, une accalmie dans
l'offensive allemande après cette date. Mais les Allemands avaient si peu renoncé à Calais que, le 22 avril
1915, ils déclenchaient, de la Lys au canal de l'Yser,
leur première attaque par nappes de gaz asphyxiants
qui, poussée avec plus de suite, les eût menés à destination

l'abri de toute surprise, largement couvert par 30 kilomètres de zone inondée, quel intérêt pouvait bien présenter encore pour nous la possession d'un saillant aussi frêle, aussi instable que Dixmude? Même si l'ennemi ne nous l'avait pas disputée, n'eût-il pas mieux valu couper délibérément cette « excroissance », rectifier notre front et l'adapter à la configuration hydrographique du terrain? La plupart des forteresses et des camps retranchés ont été emportés sans résistance, au cours des diverses offensives allemandes : les vrais réduits, qui n'ont pas cédé, sont ceux dont quelque filet d'eau avait fait tous les frais et qui n'étaient défendus que par une ceinture flottante et des palissades de roseaux.

C'est à ces raisons vraisemblablement que se rendit l'amiral en ordonnant l'évacuation de Dixmude. La guerre d'usure, la guerre de sape et de mine, commençait :

les cavaliers eux-mêmes vidaient l'arçon ;
le front s'ensevelissait. La brigade devait
suivre l'exemple et, sans quitter la région
de l'Yser, tantôt à la boucle médiane, tantôt à l'embouchure du petit fleuve tragique
qu'on franchissait, au soir des grandes tue-
ries, sur des ponts de cadavres, se terrer
à son tour, gratter la glaise et plier à
une besogne de taupe sa frémissante activité.

Une dernière raison empêchait peut-être
l'amiral de vouloir conserver Dixmude,
raison qu'il est permis de faire connaître
aujourd'hui : le défaut de munitions. Le
groupe de 75 qui était en batterie à Caeskerke, au point de jonction des deux lignes
de la voie ferrée, avait dû se retirer, « ses
coffres vides ». Ainsi s'expliquait le silence
de nos canons pendant ces lugubres journées du 9 et du 10 novembre où la brigade
resta exposée à un feu incessant de toute

l'artillerie ennemie. Dixmude était évacuée que le feu continuait toujours. Il ne s'arrêta pas de toute la nuit : les tranchées de l'Yser, les maisons des abords du Haut-Pont, Caeskerke et sa gare reçurent le plus gros de l'averse. Non seulement nos ambulances régimentaires, mais toutes les fermes, toutes les granges, toutes les caves étaient pleines de blessés (1). Vainement le

(1) « Me trouvant dans une ferme où mangent nos officiers, écrit le fusilier Delaballe, j'ai pansé jusqu'à trois heures du matin des blessés avant de pouvoir les évacuer sur les infirmeries, j'ai soigné de mes camarades atrocement blessés par des balles dum-dum. Heureusement que le docteur Arnoult est venu nous assister par deux fois. Autrement, je crois que nous n'y serions jamais parvenus. Nous étions trois malheureux inexpérimentés pour soulager un flot incessant de blessés. Ce fut effroyable... » — « Je vous écris d'une ferme que Delaballe a transformée en poste de secours, mande un autre fusilier. Avec deux autres matelots, il a pansé le capitaine, le lieutenant et soixante blessés pendant la nuit. Vers trois heures du matin enfin, nous avons pu dégager nos blessés. Les

service sanitaire se prodiguait sous la direction du docteur Petit-Dutaillis, médecin-
major du 1ᵉʳ régiment, dont un shrapnell
avait traversé le maxillaire supérieur quelques jours auparavant (1). La tête bandée,
le vaillant docteur courait de l'ambulance
du docteur Le Marc'hadour à celle du doc-

obus dégringolent dans le moment et, si je ne veux
pas recevoir le toit sur la figure, il est prudent que je
retourne dans ma rotonde. » (*France* du 29 novembre 1914.)

(1) Le 4 novembre. « Un de mes chevaux et moi
sommes heureusement les seuls nouveaux blessés. Je
crache les débris de la camelote boche, quelques
esquilles et deux molaires auxquelles je tenais pourtant bien et, tandis que mes hommes s'écrient en
chœur : « Les salauds, notre major ! » je me livre à
mon quartier-maître Gérot qui me tamponne *intus et
extra*. Le choc a été très brutal, mais, de ce fait,
presque indolore, et je fais cette réflexion, consolante
pour les familles, qu'il en est ainsi pour la plupart des
blessures par projectiles de guerre. La mienne est
sans gravité immédiate et j'éprouve une satisfaction
très douce à sentir mon vieux sang couler, à si peu de
frais, pour la grande cause. »

teur Taburet. Même encombrement dans l'une et dans l'autre : on n'y pénétrait qu'en « enjambant des brancards », sur une litière de pansements individuels et d'effets ensanglantés. Dans l'ambulance du docteur Le Marc'hadour, la plus rapprochée du Haut-Pont, « un officier des équipages, le flanc ouvert par un éclat d'obus, agonisait, et un jeune enseigne, assez gravement touché, serrait en souriant la main que lui tendait le commandant Delage. » Peut-être l'enseigne Thépot, dont c'était le premier combat, ou l'enseigne de Lorgeril, dont c'était le dernier.

— Docteur, dit le commandant, aujourd'hui nos pertes sont lourdes.

« Dans la bouche de notre vénéré « colo- « nel », qui n'énonçait jamais que le plus parfait optimisme, ces paroles, observe le docteur Petit-Dutaillis, prenaient une signification spéciale. »

Le pis est qu'on ne savait comment évacuer les blessés. Nos voitures d'ambulance qui, pendant toute la journée, avaient fait la navette entre Forthem et Caeskerke, ne se décidaient pas à revenir. Égarées ou perdues, on l'ignorait. Disparues aussi, ces souples et confortables autos de l'ambulance anglaise qui nous avaient rendu tant de services au cours du siège et que pilotaient depuis notre repli sur l'Yser les mêmes « jolies » chauffeuses « en kaki des plus impressionnants, guêtres de cuir, pantalons bouffants, redingote de chasse..., le tout assaisonné de beaucoup de grâce et de gaieté. »

De beaucoup de courage surtout. Dans maints carnets de la brigade, au tournant d'un feuillet jauni, taché de boue et de sang, passe, comme dans une échappée shakspearienne, la vision furtive de ces Rosalindes du volant, impassibles sous le

balles et qui, à la minute critique, bondis-
saient sur la ligne du feu, chargeaient nos
blessés et repartaient en coup de vent.
Pour ne rien cacher, leur «gréement» mas-
culin avait d'abord fait un peu sourire les
hommes, jusqu'au jour où, conquis par tant
de bravoure, ils nommèrent l'ambulan-
cière-major, lady Dorothée F..., fusilier
honoraire du 1ᵉʳ régiment et lui décernè-
rent le ruban de leur formation qui orne
depuis son bonnet. Mais lady Dorothée et
ses jeunes amies, manquant pour la première fois d'à-propos, s'étaient portées, ce
soir-là, sur un autre point du front. Un
médecin de la division belge eut enfin
pitié de notre embarras : se rendant aux
prières du docteur Petit-Dutaillis, il promit
de nous venir en aide, bien qu'il eût
l'ordre formel de « ne pas exposer ses voitures ». S'était-il engagé à la légère? La
nuit s'avançait, les autos belges n'arri-

vaient pas. Et le bombardement redoublait.

« L'attente fut longue, écrit le docteur Petit-Dutaillis. Sur une chaise, Le Marc'hadour, exténué, s'était endormi d'une pièce ; son aide Arnould s'occupait des blessés de la grange voisine ; le bon aumônier Pouchard, la tête dans une main, conversait avec Dieu. Des obus de campagne, vomis par une batterie allemande amenée non loin du pont, passaient en sifflant devant notre porte, puis détonaient un peu plus loin ; sur le pavé, sur nos murs, les balles grêlaient ; et, dans les champs voisins, les dernières marmites de la fête s'écrasaient. Nous attendions celle qui, en toute probabilité, devait nous rendre visite, quand, dans un moment d'accalmie, cinq autos d'ambulance belge lancés à toute allure s'arrêtèrent devant le poste. Comment, sur cette route balayée d'obus, ont-

ils pu être chargés sans lumière et arriver
à Forthem sans accident? Comment avons-
nous pu nous porter de ce poste de secours
avancé sur le second avec tout notre matériel à dos d'homme? Comment, de ce point,
Arnould put-il encore aller relever les derniers blessés signalés dans les tranchées
de l'Yser et que nous enfournâmes dans
une voiture à chevaux quérie à 4 kilomètres de là? Comment, avec ce dernier
convoi, pus-je regagner mon ambulance
régimentaire, sous une pluie incessante
d'obus qui maintenant nous prenaient de
flanc et durant tout le jour avaient défoncé
la route, tout cela sans avoir aucune perte
à déplorer? » Le docteur Petit-Dutaillis se
le demande encore, mais il ajoute, — et
c'est peut-être une explication, — que « le
bon abbé Pouchard » ne l'avait pas quitté
d'une semelle au cours de ce miraculeux
transbordement.

II

L'ADIEU A DIXMUDE

« Mon cher oncle, écrira le 18 novembre l'enseigne de Cornulier-Lucinière (1), veuillez m'excuser si je vous ai adressé voici quelques jours une missive de forme peu correcte. Nous venions de terminer une journée qui nous avait coûté beaucoup de monde et une position importante, et je ne voyais que deux alternatives : ou bien la reprendre [par] une offensive qui aurait sans nul doute achevé la destruction de mon bataillon, ou bien subir un nouvel effort allemand qui, vu notre état d'affaiblissement et l'ordre de se maintenir coûte

____

(1) Lettre au général de Cornulier.

que coûte, valait pour votre neveu la bonne croix de bois. Aucune de ces éventualités ne s'est produite ; les Allemands ont manqué de souffle et nous ont laissés nous reformer... »

En quatre lignes, qui pourraient lui servir d'argument, voilà résumé l'épilogue du drame. Mais l'ennemi ne s'est pas résigné du premier coup à cette défaite de ses espoirs. Tous les jours qui vont suivre la prise de Dixmude, et la nuit comme le jour, jusqu'au 15 novembre (1), le bombardement continuera avec la même intensité, visant exclusivement les chaussées des routes, des canaux et la zone non inondée, au sud de la ferme Roode-Poort et du réservoir à pétrole. L'enseigne de vais-

(1) Cependant, le soir du 10, de sept à neuf heures, il y eut une légère détente : l'ennemi, sans bruit, prenait ses dispositions pour franchir le canal. Mais nos mitrailleuses étaient à leur poste et l'enseigne Tassel, par quelques salves bien dirigées, les arrêta devant le Haut-Pont (V. à l'*Appendice*).

seau H..., le 11, s'amuse à faire le compte
des obus qui pleuvent autour de la maison
où il déjeune : « 6 000 (calcul effectué) » ,
au prix desquels messieurs les Boches « ont
réussi à y arracher deux clous » . Il sait,
dit-il, des tapissiers qui travaillent mieux
et à meilleur marché. « C'est royalement
chic, écrit de son côté, le 13 novembre, un
des nouveaux officiers supérieurs de la brigade, le capitaine de frégate Geynet, qui
remplace le commandant de Sainte-Marie.
On dort, mange, rêve en musique. Depuis
mon arrivée, cela ne cesse pas. Mais, Dieu !
quelle dépense de munitions allemandes
pour peu de résultat ! C'est le cas de dire :
« Beaucoup de bruit pour rien... » — « Le
bombardement a duré trois jours (1), écrit

(1) Trois jours sur Caeskerke, les tranchées de
l'Yser (compagnies de Malherbe et Pitous) et les tranchées de l'usine à pétrole (compagnie Ravel); trois
autres sur Oudecapelle et Saint-Jacques (V. plus loin).

le même à la date du 19 novembre. Je n'ai eu que trois tués, mais des blessés... » Tout le monde autour de nous, on le verra plus loin, ne s'en tirait pas à si bon compte.

Cette inefficacité de l'artillerie allemande tenait sans doute aux dispositions que l'amiral avait prises, dès l'évacuation de Dixmude, pour consolider le front de l'Yser. Le petit fleuve, à cet endroit, mesure quelque vingt mètres de large : il est endigué sur ses deux rives, mais la digue occidentale surplombe de deux mètres la digue orientale (1), et le génie belge l'avait solidement gabionnée avec des sacs de sable. Les tranchées de première ligne furent renforcées ; d'autres tranchées construites à la hâte en arrière, qu'on perfectionna au cours des jours suivants ; le 12, débarquait à la brigade un contingent de

(1) *L'Action de l'armée belge* (rapport du commandement de l'armée).

Toulon qui permit d'y boucher quelques
brèches (1). La grande affaire, c'était de
contenir l'ennemi dans Dixmude, comme
on l'avait contenu dans la boucle de Tervaete. Il fallait à tout prix qu'il ne pût uti-
liser cette nouvelle tête de pont : on réussit
à pousser devant elle, bien abrités, un canon
de 37 et une pièce de 75 ; aux pièces lourdes
de la défense on prescrivit de tirer sans relâche sur les abords de la ville. Nous avions
enfin reçu des munitions, même de l'artillerie, « tout un régiment (2) », sous les

(1) Journal de l'enseigne C. P... et lettre du
lieutenant de vaisseau Le B... : « Humbert a reformé
une compagnie à moitié détruite le 10 novembre et,
en trois jours, il l'a ramenée complètement rééquipée
à Dixmude. »

(2) « Le matin (11 novembre) de bonne heure,
nous devons déguerpir de la ferme où nous avons si
bien dormi dans la paille chaude qui a séché nos vêtements trempés. Tout un régiment français d'artillerie est arrivé à la rescousse et un groupe de 75
prend position dans la cour de la ferme. » (Journal

ordres du colonel Coffec. « Ah ! si elle était arrivée plus tôt ! » laisse échapper le lieutenant de vaisseau Cantener. N'ayant pu conserver Dixmude, c'était à notre tour de consommer sa ruine. Le colonel Coffec, en bon Breton, s'y employait de tout son cœur. De nouveaux brasiers s'allumaient près du Haut-Pont ; l'artillerie de campagne et l'artillerie lourde française ne cessaient de tonner, en réponse à l'artillerie allemande. Dans ces sortes de duels, il est rare que les artilleries aux prises, soigneusement

de l'enseigne C. P...) — « Il est arrivé de l'artillerie française qui répond. Dixmude, ou ce qu'il en reste, brûle de nouveau plus que jamais. Le refrain unanime dans nos tranchées est que les Boches n'ont sûrement rien trouvé dans les caves. Je le crois. » (Carnet du lieutenant de vaisseau de M...) — Le colonel Coffec commandait antérieurement, à la Marne, deux groupes d'un des régiments d'artillerie (46ᵉ) qui composait, avec les trois groupes du colonel Boichut, l'artillerie divisionnaire de Grossetti (V. notre livre : *les Marais de Saint-Gond.*)

défilées, s'endommagent réciproquement :
leurs effets se font sentir presque uniquement sur les tranchées et les localités repé-
rées. L'amiral avait maintenu son poste de
commandement à Oudecapelle, qui n'était
pas encore menacée, mais qui n'allait pas
tarder à l'être. Póur le moment, l'ennemi
continuait de s'acharner sur le secteur de
la défense qui faisait directement face à
Dixmude et qu'il lui fallait nettoyer avant
d'essayer d'y prendre pied; la préparation
terminée, on pouvait s'attendre à une
attaque en force, qui se produisit en effet
dans la nuit du 12 (1). Mais nos précautions étaient prises et l'attaque fut enrayée.

Dépité, l'ennemi se rejeta sur son artil-

(1) Communiqué du 13 novembre : « L'ennemi
a cherché à déboucher de Dixmude par une attaque
de nuit et a été repoussé. » En réalité, l'attaque eut
lieu à la tombée du jour. « Gros bombardement de
nos tranchées; vive fusillade vers cinq heures du
soir. » (Carnet du lieutenant de vaisseau de M...)

lerie, dont toutes les bouches rentrèrent
en action. Elles n'éprouvèrent qu'assez faiblement nos tranchées (1) ; mais, le long
du quai, sur la route de Caeskerke et à
Caeskerke même, le docteur Taburet constate au matin que toutes les maisons sont
« en loques ». L'ébranlement causé par la
canonnade est tel qu'on se croirait en mer,
par gros temps, sur le pont d'un navire.
« Je titubais », dit encore le témoin cité.
A peine évacuée, son ambulance s'était
remplie de nouveaux blessés que le service
sanitaire devait faire prendre à la nuit.
Mais par quels chemins ? Chaussées, bas
côtés « ne sont plus que bouillie (2) ».

(1) Même celles du Haut-Pont, les premières visées
cependant et « qui reçoivent des marmites sans discontinuer. Pitous les attire sans doute ». (Carnet du
lieutenant de vaisseau de M...)

(2) Journal du docteur Petit-Dutaillis : « Les routes
flamandes sont formées au centre d'une chaussée
pavée trop étroite pour le passage de deux voitures

On s'en tirerait encore le jour, si le bombardement permettait de s'y aventurer. La nuit, sans lumière, cela devient un problème presque insoluble. D'ailleurs, ses repères établis, l'artillerie lourde de l'ennemi n'arrête pas plus la nuit que le jour. Le docteur Taburet, qui s'est hasardé sur la route, reçoit un éclat d'obus dans le dos, sur son revolver, qui le protège ; il n'a que le temps de rentrer pour éviter les trois autres coups fatidiques. Il se hasarde de nouveau à minuit pour chercher les voitures d'ambulance : les obus brisants qui l'encadrent l'obligent encore à rétrograder... Des deux postes de secours (1) que

et, de chaque côté, d'un terrain meuble où l'une des deux doit forcément s'engager pour croiser l'autre ; sous les pluies persistantes, ces bas côtés ne sont plus que bouillie liquide dont on ne se dégage qu'à grand'-peine. »

(1) Le troisième était celui du docteur Guillet, établi au débouché du pont romain et enlevé avec ses

nous conservions dans ce secteur de la défense, à proximité des tranchées, comme l'exige le règlement, un seul, celui du Haut-Pont, avait pu être ramené légèrement en arrière.

« Le plus avancé, écrit à la date du 14 novembre le docteur Petit-Dutaillis, est maintenant au passage à niveau de Caeskerke, dans les ruines de la maison du bourgmestre, dont les alentours ont été arrosés aujourd'hui par plus de trente obus de gros calibre. L'autre est au croisement de la route d'Oudecapelle. Je vis dans

deux médecins (le docteur Guillet et le médecin auxiliaire Félix Chastang) et tout son personnel le 10 novembre. Le docteur Guillet, fait prisonnier, a été échangé ; mais son aide, Félix Chastang, fut tué le 11 novembre en soignant sous le feu des blessés français et allemands. L'ennemi n'a pu s'empêcher de rendre hommage à tant d'héroïsme et il a inscrit sur sa tombe, dans le cimetière d'Eessen : « Ici repose un brave médecin français. » (V. à l'*Appendice* la lettre de Mme Chastang.)

l'anxiété constante de perdre à leur tour ces deux formations sanitaires. Il m'est difficile d'obtenir de Taburet qu'il consente à s'abriter : on ne voit que lui sur les routes, la canne sous le bras, au plus fort de la danse des marmites, qui, deux fois de suite, l'ont barbouillé de fange. Quant à Le Marc'hadour, le 420 en personne ne saurait altérer sa gaieté (1). »

(1) « Ses colloques avec ses compatriotes, au plus fort du combat, sont épiques : Jean Gouin admet bien d'être blessé à la tête, au ventre, où vous voudrez, sauf aux doigts ; il y tient particulièrement. Or, hier, il vient trouver Le Marc'hadour avec l'index droit brisé. Il est très énervé. « Oh ! mon didi ! mon didi ! — Qu'est-ce qui te prend ? lui dit Le Marc'hadour. Il t'en reste bien assez de ton didi pour écraser tes puces ; je vais te renvoyer à ta femme, tu lui donneras tout de suite un gosse, je serai le parrain, et nous l'appellerons Dixmude. » Alors Jean Gouin rigole et, au printemps prochain, si son médecin-major n'est pas mort, il lui enverra un panier de moules fraîches. » (Journal du docteur Petit-Dutaillis.) — Voir aussi, dans *Quatorze histoires de soldats*, le

Elle résiste même à la pluie, ou plutôt à cette sorte de « spleen liquide » qu'est la pluie flamande, et qui, à peine moins ténue que la brume, ne s'en distingue que par un léger grésillement. Tout l'horizon fume depuis trois j urs. C'est l'hiver qui vient, « le triste hiver », annoncé par le cri monotone des vanneaux dont ces prairies sont l'habituel cantonnement. Ils ne tarderont pas à en être chassés par la canonnade. De l'autre côté de l'Yser, dans les pâtés de décombres qui avoisinent le Haut-Pont, les Allemands ont installé des mitrailleuses qui se démasquent subitement. Ordre est réitéré à nos pièces d'achever la destruction de ces ruines. Si frénétique que soit le bombardement ennemi, on le supporte sans trop d'énervement, depuis que notre artillerie à nous-mêmes fait sa partie dans le

si vivant, amusant et pathétique récit de Claude FAR-RÈRE : *les Demoiselles à pompon rouge.*

concert. Les obus se croisent en tous sens.
Un coup n'attend pas l'autre. C'est un
tonnerre continu, une immense trame de
bruit, si serrée, si dense, que, quand quelque accroc se produit, le silence fait l'effet
d'un choc. L'activité allemande, peu sensible à l'œil nu, est très grande sur la partie
du front qui nous aspecte. On la devine, si
on ne la voit pas. Refoulée par l'inondation sur toute la ligne inférieure et moyenne
de l'Yser, « sauf en un endroit de la rive
gauche, dit le communiqué du 13 novembre,
où il occupe de 2 à 300 mètres (1) », l'en-

(1) Il s'agit de la boucle de Tervaete, le seul « point
faible de la ligne de défense » (l'*Action de l'armée
belge*), dont la concavité est tournée vers l'ouest et où
l'ennemi avait pris pied dès le 22 octobre, poussant
ses tranchées jusqu'au Vliet. Là aussi pourtant il dut
reculer devant l'inondation. Près de la ferme de
Stuyvekenskerke et du château de Vicogne, une batterie allemande de quatre pièces était submergée :
« ferme et château ont été trouvés évacués et remplis

nemi entend tout au moins prendre sa revanche devant Dixmude ; chaque nuit, sous le couvert de mitrailleuses montées sur radeaux, ses sapeurs et ses pontonniers travaillent d'arrache-pied à lui frayer un passage, et, chaque matin, nos 75 démolissent l'ouvrage de la nuit. Mais il s'entête, et il est rusé. Pour en finir avec ce petit jeu, il faudrait compléter l'isolement de la ville, provoquer une nouvelle inondation sur la rive droite de l'Yser et du canal de Handzaëme, dans la région Beerst-Bloot, qui correspond à l'ancien secteur Nord de la défense. Des négociations sont ouvertes à cet effet, le 12, avec le grand quartier

de cadavres allemands », dit le communiqué belge. Devant Ramscapelle, on retirait de l'eau deux mortiers de 165 abandonnés par l'ennemi ; çà et là, le long de l'Yser, d'après la même source d'informations, des contingents allemands, occupant des positions avancées, étaient coupés de leurs lignes de repli et devaient se rendre ou se résigner à l'enlizement.

TRANCHÉE FRANÇAISE AU PONT DE DIXMUDE

LA BARRICADE ALLEMANDE DE SACS A TERRE
AU PONT DE DIXMUDE

général belge. C'était le capitaine de frégate Geynet qui commandait vers Beerst-Bloot. Son bataillon était réduit à 468 hommes ; mais chacun de ces hommes était comme doublé par la pensée d'un frère, d'un ami à venger. Puis, à mesure que le temps passait, l'ardeur ennemie se refroidissait sensiblement. Les alertes nocturnes étaient encore fréquentes, mais ce n'étaient plus les attaques en force, et l'on se tenait les uns et les autres sur ses positions. De temps en temps, une balle claquait. Un cri d'angoisse, le bruit sourd de l'eau qui s'ouvre et se referme : quelque ennemi qui tombait dans l'Yser, « touché par une balle française... »

La guerre, de ce côté, tournait à la petite guerre d'embuscade, au « grignotage », comme devait dire le généralissime. Dans les formations assez mêlées que nous avions devant nous, se trouvaient, paraît-il, des

« étudiants de Heidelberg ». Ils « faisaient
des paris ». Un de ces prétentieux jou-
venceaux passait la rivière « à la nage »,
pour essayer de voler un fusil; le faction-
naire, qui ne dormait que d'un œil, affec-
tait de « tenir bas son arme », et, quand
l'étudiant croyait la saisir, l'homme l'as-
sommait d'un coup de crosse; s'il échap-
pait et se rejetait à l'eau, « on le tuait à
bout portant ». Le comique se mêlait au
macabre dans ces aventures. « Il y a des
histoires d'un drôle! écrit le 19 novembre
le commandant Geynet. L'autre jour, nous
dégringolons trois Prussiens du côté de
notre berge. Le soir, j'envoie quatre hommes pour les enterrer. L'un d'eux prend le
Prussien par les pieds pour lui enlever ses
bottes : le Prussien, qui faisait le mort,
envoie un formidable coup de pied dans le
ventre du matelot, qui tombe à la renverse,
et le Prussien court encore. »

L'homme se consola peut-être du coup de pied, mais il regretta sûrement les bottes, qui étaient excellentes, et contre lesquelles il eût troqué volontiers ses savates éculées. C'était toujours la grande souffrance de cette vie, ce manque de chaussures. Pour une fois, les Bretons donnaient un démenti à leur romancier Paul Féval, qui prétend qu'ils ne sont frileux que des oreilles. « On souffre du froid », écrit le commandant Geynet; nos hommes sont « sans chaussettes » dans « leurs souliers troués. » On souffre aussi de plus en plus du manque d'eau potable. L'eau de l'Yser est si « infecte » qu'on lui préfère celle des entonnoirs de marmites. Mais elle est venue là « par infiltration, et d'où? Il y a tant de tombes et de détritus de chevaux, vaches, cochons tués » aux environs! L'enseigne de Cornulier se demande comment ses hommes « ne sont pas encore tous claqués

de la typhoïde. » Vrai sujet d'émerveil-
lement, en effet! Mais, bien qu'assez
éprouvés par la dysenterie, ils ne veulent
pas convenir de leur épuisement; ils se
roidissent contre le mal; ils exagèrent
même, par défi, leur « vantardise » et leur
« imprudence » naturelles, s'amusant à
« forcer des lièvres à la course (1) » ou se
glissant hors des tranchées, la nuit, pour
aller « chaparder » des casques boches.
« J'ai dû infliger des punitions de vingt
jours de prison pour ce fait », écrit le commandant Geynet; mais « Jean Gouin (2) »

(1) « Mes hommes s'amusent à forcer des lièvres à
la course, malgré mes hurlements. Heureusement,
personne de blessé, sauf un lièvre qui vient se réfu-
gier près de mon « gourbi », où mon cuisinier se hâte
de lui faire un sort. » (Carnet du lieutenant de vaisseau de M...)

(2) Je rappelle que c'est là le surnom donné aux
fusiliers marins et dont l'origine est incertaine : les
uns y voient une déformation de *Jean Le Gwenn*
(Jean Le Blanc), nom très répandu en Bretagne; les

est incurable. Il lui faut des casques boches : c'est son trophée personnel dans
cette guerre, sa « prime », son « scalp ».
Il voit déjà le casque suspendu à une so-
live dans sa petite maison de pêcheur, entre
deux côtes de lard, ou posé triomphale-
ment sur la corniche d'un vaissellier. Et
tout cède devant ce mirage.

Pendant ce temps et sans négliger complètement les tranchées du front, l'ennemi
allongeait peu à peu son tir ; le bombardement s'étendait à nos lignes d'arrière. Tous
les pâtés de maisons de la rive ouest étaient
déjà tombés, puis les fermes, la gare et
le village de Caeskerke. L'ennemi passe
maintenant aux villages environnants : à

autres le font venir du mot *gwin* (s. e. *ardent*, eau-
de-vie), étymologie malheureusement aussi acceptable.
Enfin, d'après une consultation de *l'Intermédiaire
des Chercheurs*, Gouin serait un très vieux mot marin signifiant « matelot de mauvaise tenue ». Et c'est
en effet le sens que lui donne Littré.

la croisée des routes de Dixmude et d'Oudecapelle, « des éclats d'obus viennent
jusque dans l'infirmerie du docteur Le
Marc'hadour. » L'amiral lui-même est
« marmité » à Oudecapelle, le 14. C'est
la grosse artillerie allemande qui tire. Le
quartier général de la brigade était près de
l'église. Grave imprudence! « Pourquoi
aussi se mettre près du clocher? » remarque
ironiquement le docteur T... On sait assez
que les obus allemands ont un faible pour
les clochers. Dégâts tout matériels, heureusement! Mais le même jour, à Saint-
Jacques-Capelle, terminus de notre ligne,
une marmite tombait dans une cave de
brasseur, où cantonnaient 50 hommes du
94ᵉ d'infanterie : « 29 ont eu la tête
écrasée; les autres, tous blessés et mu-
tilés (1). » Et, sur un autre point du front,

(1) Carnet du docteur T... — Suivant une version,

près de Bien-Acquis, un obus, égaré ou guidé par quelque avion, brisait le frein d'un de nos mortiers.

Le lendemain seulement arrivait du quartier général belge la réponse à la demande de l'amiral « concernant l'extension de l'inondation à la rive est de l'Yser ». Comme on s'y attendait, la réponse était favorable. Les instructions transmises à notre état-major portaient que le génie belge, avec l'aide des marins, ferait sauter une éclusette au nord de la borne 16. Mais, pour atteindre cette éclusette, il fallait passer l'Yser sous le feu de l'ennemi. Opération peu commode : le génie belge, qui l'avait préparée, nous laissait le soin de l'exécuter. Un homme de bonne volonté s'offrit, un jeune quartier-maître nommé Le Bellé. On n'a ni barque, ni plate : « une planche clouée sur deux

plus exacte peut-être, la chose se serait passée à Nieu-cappelle

barriques » fera l'office de radeau. Le quartier-maître y embarque avec sa dynamite pendant la nuit.

« Nous écartions les Prussiens à coups de fusil, raconte le commandant Geynet. Mon petit bonhomme a bien pris son temps, puis a laissé dériver son radeau, sur lequel les Prussiens se sont acharnés, et il est revenu en nageant entre deux eaux. »

La médaille militaire l'attendait sur la berge. Au matin, le commandant monta sur le parapet pour voir l'effet de l'explosion. « On m'a tiré dessus pendant dix minutes, écrit-il, ça sifflait, mais *ils* sont maladroits : les matelots riaient en voyant que je faisais signe aux Boches que leur tir passait trop à ma droite. » Et l'on peut une fois de plus trouver bien téméraires ces officiers supérieurs qui s'amusent à se faire prendre pour cible par l'ennemi. Ceux qui leur font ces reproches ne soupçonnent pas la vertu de certaines démonstrations, parfaitement vaines en apparence : à la guerre, vingt exemples récents en témoignent, l'ascendant moral s'acquiert par les actes de cette sorte, dont c'est souvent la seule utilité. Sur le moment, d'ailleurs, il était malaisé de se rendre compte des effets de l'explosion : l'eau avait gagné Beerst-Bloot, mais l'infiltration se faisait lentement. C'est un peu plus tard que le commandant Geynet apprit que l'opération avait pleinement réussi : l'éclusette nord de Dixmude avait sauté. « Les Allemands ont pris un grand bain dans leurs tranchées, écrit-il à la date du Ier décembre : ils les ont abandonnées. Ce n'est pas encore là qu'ils perceront la ligne. »

L'ennemi lui-même, après réflexion, semble s'être rangé à cet avis. Il ne croit plus que la chute de Dixmude lui ouvrira le chemin de Calais. La réalité a dissipé ces fumées : sa coûteuse victoire du 10 est une victoire sans lendemain et l'aveu en sera fait par un de ses propres journaux, le *Lokal Anzeiger,* dont on connaît les attaches officieuses. « Notre armée, dit cet organe, n'a pu réussir à profiter de l'occupation de Dixmude, mais seulement à s'y fortifier (1). »

C'est le glas des espoirs allemands dans cette région. La bataille de l'Yser continue, mais son siège ou du moins le principal de son effort est transporté autour d'Ypres et devant les écluses de Nieuport. Cependant, comme si l'ennemi n'entendait pas nous faire grâce d'un seul jour, il canonne encore notre arrière avec son artillerie lourde. Cela prend si bien la tournure de quelque chose d'habituel qu'un des officiers note

(1) Cité par le *Gaulois* du 18 novembre.

sur son carnet à la date du 15 : « Journée
ordinaire. » En face de Dixmude, à Caeskerke, l'ennemi n'a plus rien à détruire :
tout y est pulvérisé. Oudecapelle, qu'il
recherchait depuis le 14, va subir le même
sort les jours suivants. L'aimable petit village s'effondre au bout de quelques heures,
« y compris la maison occupée par l'état-
major, qui était heureusement à l'abri dans
un solide souterrain (1). » Si indifférent au
danger que soit l'amiral, il lui faut bien
cette fois déménager et reporter son quartier général plus loin, dans la ferme Den
Raablar, sur la route d'Oudecapelle à Forthem. Peu après, le dernier pan de l'église
s'écroule : les Allemands ont atteint leur

(1) Journal du docteur Petit-Dutaillis. « Il n'y a eu
d'épargné, précise l'auteur, que la maison où j'ai reçu
ma prune et où était établie mon ambulance régimentaire ; Le Marc'hadour s'y trouvait avec l'abbé Pouchard ; les dernières marmites sont venues les encadrer... sans éclater. »

double objectif, et le bombardement cesse presque aussitôt.

Il a duré jusqu'à notre départ. A quatre heures du soir, le 16, arrivent les ordres pour la relève : les fusiliers marins seront remplacés aux tranchées de l'Yser par des hommes de la 89e division territoriale (94e régiment d'infanterie), sauf le 1er bataillon du 2e régiment, commandé par le capitaine de frégate Geynet, qui restera dans ses lignes jusqu'au 17.

La nouvelle se propage de poste en poste. On l'attendait; on s'en réjouissait d'avance (1), bien que la guerre eût changé

(1) « On dit que nous serons remplacés peut-être après-demain. Les hommes s'en réjouissent, surtout parce que les bœufs et veaux qui erraient dans nos environs sont tous passés de vie à trépas et qu'ils considéraient comme déshonorant de manger· du « singe ». Je ne crois pas que, pendant tout Dixmude, mes hommes en aient mangé plus de deux fois. On se débrouille ! Moi je serai content de pouvoir me dés-

beaucoup de ces garçons insouciants et donné à leurs regards une teinte de gravité qui étonnait un nouvel arrivant, l'enseigne Domenech (1). « Un bruit commence à circuler avec persistance, écrivait le fusilier Luc Platt, à la date du 14 : nous devons partir pour la France. C'est cela qui serait intéressant » ; dans la tranchée du capitaine de Malherbe, les hommes, sur un vieux phonographe échappé au naufrage de Dixmude,

habiller et me laver complètement ; je n'ai pu le faire depuis le départ du Grand-Carbon, où j'avais escorté le convoi, le 15 octobre. » (Carnet du lieutenant de vaisseau de M...)

(1) « C'est curieux. Comme cela ils ne me font pas l'effet de marins. Si bien qu'une inquiétude me vient. Aurai-je la manière pour les commander? Mais tout à l'heure, à dîner, avec mon lieutenant, j'ai été rassuré. Devant moi, cuisinier, « maître d'hôtel » — titre pompeux ! — ordonnances, bavardent sans arrêt. Et tout de suite, chez ces gars de seize ou dix-huit ans, de vrais gosses, j'ai retrouvé mes Jean Gouin, bavards, confiants, un peu hâbleurs, que je connais bien. » (Enseigne D..., *Impressions de guerre*.)

s'exerçaient à répéter le *Chant du Départ...*

Peut-être le bonheur n'aime-t-il pas qu'on l'escompte. Le vent, qui s'était mis à la neige le 15 novembre (1), avait de nouveau changé d'aire et sauté de l'est au nord-ouest. C'était cet humide et terrible Circius auquel l'empereur Auguste fit élever un autel dans les Gaules. Le *schoore* mugissait. « Temps de chien, écrit le docteur Taburet. Routes ignobles. » Mais elles mènent vers la France, vers le répit, l'allégeance, sinon vers la paix définitive. Et cependant personne n'a le cœur dispos. Il est bien vrai qu'un lien subtil nous fait les prisonniers des lieux où nous avons le plus souffert. Ce soir du 16 novembre, il y a comme un malaise sur la brigade. « C'est donc fini, Dixmude ! écrit un des officiers.

(1) « Le temps se refroidit beaucoup : aujourd'hui (15 novembre) il neige et nous avons bien froid aux pieds. » (Journal du quartier-maître Luc Platt.)

En pensant à ce départ prochain, le matin, seul, sur la route, j'ai pleuré (1). » Le quartier-maître Rabot, neveu de l'héroïque commandant tombé à Dixmude, raconte que, le 25 octobre, des prisonniers allemands' demandèrent s'il était vrai qu'ils fussent « en Bretagne (2) ». On avait ri de leur naïveté. C'étaient eux pourtant qui avaient raison et on s'en aperçoit aujourd'hui : Dixmude, hier encore, n'était qu'une bourgade perdue de la Flandre occidentale ; beaucoup ignoraient jusqu'à son existence (3). Mais tant des nôtres ont rougi de leur sang le pavé de cette petite ville qu'elle a reçu le baptême breton. Elle est devenue une seconde patrie pour nos hommes. En la quittant, il semble qu'ils

(1) Carnet du docteur T...
(2) *Journal de Pontivy* du 20 juin 1915.
(3) L'enseigne de C..., dans ses premières lettres, l'appelle Dixmuth !

partent pour l'exil. Dans la nuit, sur les routes où s'engage leur colonne hésitante, ils tourneront plus d'une fois la tête pour regarder, à la lueur des obus, cette cité de misère et de nostalgie (1).

Les dernières sections, qui forment l'arrière-garde de la brigade, ne sont parties à la file indienne que le soir du 17. La relève s'est faite en silence. « Je guidais mon bataillon, écrit le commandant Geynet, ayant eu soin pendant le jour d'aller reconnaître le terrain. » Les routes étaient si ravinées qu'on buttait à chaque pas. Par surcroît de malchance, « les Boches avaient aussi fait sauter une digue, écrit le même officier ; le fossé que j'avais vu à sec était rempli d'eau. Il faisait nuit noire : je suis

(1) « Quelques obus éclatent au-dessus de nous. Malgré les précautions prises, les Allemands ont dû se douter de notre mouvement, mais ils tirent trop haut. » (Carnet du lieutenant du vaisseau de M...)

tombé jusqu'au cou dans un fossé et je n'ai pu me changer que le lendemain, en arrivant au cantonnement. J'ai fait à pied les 27 kilomètres, tout mouillé. »

Le reste de la brigade n'était pas en meilleur point : le vent qui soufflait en tempête, chargé de neige fondue, plaquait les capotes sur les corps ; les hommes avaient de la boue jusque dans leur barbe. Mais comment se fussent-ils plaints, quand leur vieux « colonel » en personne, le commandant Delage, « mal remis de sa blessure, mais toujours aussi énergique », marchait à côté d'eux, tirant la jambe et « traînant une vache (1) », comme un brave fermier qui se rend à la foire? Pour compléter l'illusion, là-bas, à Hoogstaede, une musique belge jouait. Elle n'éveillait aucune gaieté chez les fusiliers. Mais les quelques douzaines

(1) Cf. carnet du lieutenant de vaisseau de M...

de Sénégalais qui survivaient à ces journées atroces n'avaient pu l'entendre sans un frémissement de plaisir. Ils oubliaient les tranchées, le vent, la pluie, la boue; ils revoyaient la terre rose du *bled,* les nuits langoureuses d'Afrique. Et ils dansaient (1).

(1) « Pluie, vent, boue... Musique belge. Sénégalais dansent, les pauvres! » (Carnet du docteur T...) Comment ne pas citer encore cette belle page de Luc Platt, — d'autant plus digne d'attention que l'auteur, Parisien, fils d'ouvrier et devenu à vingt ans, par un miracle d'énergie et d'intelligence, adjoint technique des services ds la ville de Paris, ne faisait pas mystère de ses opinions socialistes? « C'est le 2ᵉ carabiniers belge qui a envoyé sa musique. Ils jouent bien, malgré le disparate des instruments, et sont escortés par une foule hétéroclite où les bonnets des marins se mêlent avec les polos des Belges et les chéchias des Sénégalais. Tout cela danse avec entrain, heureux de voir clair et de pouvoir s'amuser encore après toutes ces horreurs. Mais la musique s'arrête et joue la *Marseillaise.* Au loin le canon tonne. En ces heures uniques, celui qui n'a pas entendu jouer la *Marseillaise* au son du canon n'a rien entendu. Comme nous voilà loin des *Marseillaises*

« Les pauvres ! » dit un officier.

officielles de distributions de prix ! Voir cette musique
étrangère au milieu de tous ces soldats figés dans le
recueillement le plus profond, voir ce capitaine belge
blanc comme un linge garder le salut militaire pendant toute la durée du morceau, entendre cet hymne
se dérouler pendant que sur Ypres la tonnerie semble
répondre, est une émotion trop forte pour moi : une
larme coule, puis deux, puis trois... C'est la fête du
roi Albert qui nous a valu cette émotionnante distraction. » (Journal du quartier-maître Luc Platt.)

III

Et maintenant, croit-on, ça va être la vie en cantonnement, la vie d'arrière, sans imprévu, sans alerte, sans bombardement, presque aussi insipide que la vie de caserne, mais « abondante, régulière et facile » ; on va pouvoir « se déséquiper », se laver, quitter la carapace de boue et de crasse qu'on habite depuis un mois et « dont l'odeur est si forte, au dire d'un témoin, qu'elle précède la brigade de cinquante pas ». Ainsi, quand les morutiers reviennent du Banc, tout chargés d'odeurs de saumure et de « massacre », le vent porte jusqu'au fond des ruelles de Saint-Malo, à plusieurs milles, les lourds relents qui annoncent leur arrivée sur rade...

Et puis les âmes elles-mêmes ont besoin de relâche. Elles ne pourraient supporter longtemps, sans de graves désordres, cet état d'exaltation où elles sont tendues depuis un mois. Tous les carnets de la brigade signalent vers cette date, en l'attribuant d'abord à l'alcool, à des saouleries clandestines, l'éclat extraordinaire des yeux des hommes. C'est la fièvre du combat qui les fait si brillants. Les verbes sont précipités, hachés, comme dans la colère. Plusieurs cas de folie ont été observés. Il en est de trop explicables. Le 15 novembre, le docteur Taburet voit une marmite tomber à deux mètres d'un fusilier marin. Il le croyait écrasé : l'homme sort de sa fosse et pique une course folle à travers champs, droit devant lui. On ne sait ce qu'il est devenu, quand, quelques jours plus tard, à

Dunkerque, on arrête un marin qui, à toutes les questions qu'on lui pose, répond par une face de bois. C'était notre « marmité ». Le 24 octobre, en présence du premier maître Robic et du matelot Le Vally, le même fait s'était produit : une marmite éclate près d'un homme ; celui-ci est projeté à cinq mètres de haut, retombe, demeure quelque temps immobile, puis, comme sous l'action d'un déclic, se relève et file à une allure telle que, « malgré les préoccupations du combat, on reste à le regarder ».

Hystéro-traumatisme avec manifestation ambulatoire, diagnostiquent les médecins. Mais, sans prendre cette forme aiguë, on constaterait dans toute la brigade un état de nervosité qui, à la longue, pourrait devenir inquiétant. Le commandant Geynet en est frappé. Nouveau venu à la brigade, il a encore tout son calme, bien que

lui-même soit essentiellement un nerveux.
Au fur et à mesure que les journées de cantonnement avancent, il note : « Les marins
se refont, les yeux sont moins brillants, les
traits se reposent. » Et le 1er décembre :
« Cet exercice dans la campagne, de une
heure à quatre heures, est bon ; cela reforme
les hommes. Les figures se remplissent, les
yeux sont moins fiévreux, moins cernés... »
Mais il faudra bien des jours pour que
l'âme et le corps, chez ces hommes, re-
prennent leur niveau. « Nous n'en pouvions
plus après le 10 novembre », confesse un
de leurs officiers (1). Et, au dernier moment, si on eût écouté certains d'entre
eux, peut-être ne les eût-on pas relevés
encore. A quel sentiment complexe obéis-
saient-ils? Le même officier nous l'apprend : sur les routes où ils s'enfonçaient

(1) Lieutenant de vaisseau F..., *Correspondance
particulière*.

tout à l'heure, ce n'était pas la tristesse seulement, un regret nostalgique, qui alourdissait leur marche, c'était aussi le doute, la crainte de n'avoir pas fait assez, puisqu'ils n'avaient pas su garder Dixmude.

L'étrange scrupule ! Pourtant on les a cités, dès le 26 octobre, à l'ordre du jour de l'armée ; un ancien ministre de la Guerre britannique, le colonel Seely, qui les a vus à l'œuvre sur l'Yser, leur a dit le 27 : « Vous avez sauvé la situation (1). » Et un officier français du même grade, le colonel de cavalerie Le Gouvello, en termes plus pittoresques leur a exprimé la même opinion le 4 novembre : « Vous avez une fameuse presse dans les tranchées. A vous,

____

(1) « Le colonel Seely, ancien ministre de la Guerre, est venu ces jours derniers visiter notre front. Il nous a dit que nous avions sauvé la situation par notre résistance. » (Carnet du lieutenant de vaisseau de Perrinelle.)

jusqu'ici, le maximum de bombardement (1)! » Mais c'était avant la prise de
Dixmude. Et leur tiendrait-on ce langage,
maintenant que la ville est tombée? Quel
accueil leur réserve le général d'Urbal, qui
doit les passer en revue dès demain, sans
même leur laisser le temps de se débar-
bouiller et quand, tombés dans un cantonnement archi-comble, ils ont encore dans
les jambes les 27 kilomètres de leur
marche nocturne sur Hoogstaede et Gyve-

(1) « Je venais de faire retraiter mon groupe, à
300 mètres plus loin, dans une grange, et j'étais
assis dans mon auto, quand je vois passer sur la route
mon beau-frère, le brillant colonel de cavalerie Le
Gouvello, que je n'avais pas revu depuis un an. Beau
comme un dieu, il revenait d'une mission auprès de
notre état-major : « Eh bien ! mon pauvre vieux, tu
as donc touché une prune? — Comme tu vois. — Ça
ne sera rien? — Presque rien. — Mes compliments.
Il est chic, ton amiral, et vous avez une fameuse
presse dans les tranchées. A vous jusqu'ici, le maximum de bombardement! » (Journal du docteur Petit-
Dutaillis.)

rinchove? Maisons, fermes, tout est bondé, au point que des officiers durent coucher dans les autos. Mais le commandant de la VIII⁰ armée (1) n'a pas voulu attendre une

---

(1) La VIII⁰ armée, d'abord détachement d'armée de Belgique, avait été formée le 20 octobre pour coopérer avec l'armée belge qui se repliait sur l'Yser. Mais elle n'avait pu assumer ce rôle que grâce à l'action vigoureuse et peu connue jusqu'ici du corps de cavalerie de Mitry dans les journées précédentes, où les 4⁰ (général de Buyer) et 7⁰ (général Hély d'Oissel) divisions débusquaient l'ennemi d'Houthulst et de Clerckem (journée du 17), puis de Merckem, de Cortemark et de Staden (journée du 18), tandis que les 5⁰ (général Allenou) et 6⁰ (général Requichot) divisions occupaient le même jour Roulers, brillamment enlevé par le 13⁰ chasseurs (brigade Morel) et la brigade de dragons Laperrine. Refoulé le 19 par l'entrée en ligne de forces allemandes très supérieures, le corps de Mitry ne cédait le terrain que pied à pied, notamment à Staden, que le commandant Chapin, du 22⁰ dragons (brigade Robillot), attaquait par surprise avec une cinquantaine de cavaliers, jetant la panique dans les rangs des fantassins allemands, trop absorbés par le pillage des maisons pour avoir songé à se garder, et à Stadenberg, où la brigade commençait à être

heure de plus. Et peut-être, pour une âme
de soldat, est-ce bien le plus beau spectacle qu'elle se puisse donner que celui de
ces débris d'une troupe de héros saisie à
l'état brut, si l'on peut dire, et dans sa
croûte de gloire mal séchée.

Le matin du 18 novembre, sous un ciel
brumeux et triste, que perçaient les premières flèches de l'hiver, le général d'Urbal, suivi d'un peloton de trente dragons
portant son guidon tricolore, passait au

débordée, vers l'ouest, quand arrivèrent trois compagnies de chasseurs envoyées en renfort qui se déployè-
rent immédiatement et contre-attaquèrent à la baïonnette. « On eut alors ce magnifique spectacle, dit le
général Z... : les dragons, encadrant les chasseurs,
chargèrent à pied, la lance en arrêt. » L'ennemi fut
repoussé et le repli de notre cavalerie put s'opérer
stratégiquement jusqu'au front Langemarck-Cabaret-
Korteker-Bixschoote où elle trouvait une ligne préalablement organisée. « Le rôle de la cavalerie dans
cette période fut considérable, conclut justement le
général Z..., et, sans elle, l'ennemi eût atteint, avant
l'arrivée de nos renforts, le front de défense d'Ypres. »

galop sur le front de la brigade, descendait de cheval et décorait au son du canon le contre-amiral Ronarc'h et deux des plus jeunes fusiliers des 1ᵉʳ et 2ᵉ régiments, la vieille marine et la nouvelle, symbolisées par ces trois hommes, dont l'un recevait la cravate de commandeur, et les deux autres, « âgés de dix-sept ans et demi », la médaille militaire. Les assistants remarquèrent que, par dérogation au règlement qui ne prescrit l'accolade que pour les légionnaires, le général, au lieu de serrer la main des deux matelots, les embrassa. Il expliqua brièvement que, sur leurs joues imberbes, il embrassait la brigade tout entière, quatre semaines d'héroïsme, le front de l'Yser consolidé, Dixmude rendue inutilisable pour l'ennemi, notre victoire affirmée par son désistement. « C'était superbe », écrit le commandant Geynet. Les têtes se redressaient, les poitrines respi-

raient mieux, comme si le geste du général
les avait libérées de leur secrète oppres-
sion...

La prise d'armes fut courte, — une prise
d'armes de front de bandière. A quelques
kilomètres de là, tonnait l'artillerie lourde
de l'ennemi. « Les coups font trembler les
maisons », observe l'enseigne Boissat-Mazerat, qui rejoignait la brigade à Hoogstaede
ce jour même : « C'est bien ma veine.
J'arrive quand la fête s'arrête. Nous sommes
présentement dans un village de 300 habitants, avec des Sénégalais et des hussards.
C'est plutôt encombré. »

Et c'était l'encombrement dans la boue.
De guerre lasse, après avoir casé leurs
hommes, vaille que vaille, dans tous les
réduits susceptibles de leur offrir un abri
provisoire, les officiers s'étaient partagé les
dernières soupentes inoccupées. Le carré
du 1er bataillon du 1er régiment, plus favo-

risé, avait trouvé une arrière-salle d'estaminet, un jeu de cartes encrassé, une table et des bancs. Et un bridge s'était organisé.

Les nouveaux venus, qui s'attendaient à entrer tout de suite en campagne, se montraient un peu désappointés : « J'enrage, écrivait l'un d'eux, d'avoir encore à poser à l'arrière, bien qu'il faille reconnaître que cela est nécessaire. » Et sa déception s'avivait d'entendre les camarades, ceux qui revenaient de Dixmude, « les Viaud, les Bastard, les Pitous, les Lartigue, les Pinguet », vanter les surprises, le charme incomparable de l'existence au front. « C'est, disent-ils, la plus belle vie, la plus intense que l'on puisse imaginer, et je les crois sans peine. » En même temps que l'enseigne Boissat, la brigade vient de recevoir une nouvelle fournée d'officiers : le capitaine de vaisseau Paillet, qui remplace le « colonel »

Varney, blessé le 10 novembre, le capitaine
de frégate Bertrand, historiographe des
marins de la Garde, dont les fusiliers con-
tinuent la glorieuse tradition, les lieutenants de vaisseau Ferrat, Roux, Huon de
Kermadec, l'enseigne Goudot, le médecin
principal Brugère, les docteurs Cristau, Le
Goffic, etc. D'autres sont attendus.

C'est le troisième « jeu » d'officiers que
nous expédient les bureaux de la rue Royale.
Vaudra-t-il les précédents, le premier surtout, si magnifique d'abnégation? Les bureaux, quoi qu'il en soit, n'ont que l'embarras du choix parmi les ffres qui leur
arrivent de tous côtés, de l'active et de la
réserve : on sollicite de partout, comme
une faveur, l'honneur de servir à la brigade; les officiers de l'active sont prêts à
sacrifier toutes leurs chances d'avancement
à la mer pour sortir de l'attente où ils se
rongent, prendre leur part de danger et

de gloire sur l'immense ligne de feu qui court de Nieuport aux avancées d'Altkirch.

« Vraiment, écrit l'un d'eux, le lieutenant de vaisseau Nicolas Benoît, fondateur des *Éclaireurs de France* et l'une des plus originales figures de la brigade, sorte de bonze chrétien croisé de paladin, ma place n'était pas sur le *Châteaurenault,* dans cette passivité de notre flotte, utile sans doute, mais pénible à supporter, quand on songe aux souffrances de tous. Je suis heureux d'être ici, d'apporter ma part de force et de soutien moral à ceux qui luttent pour le salut du pays. » — « Il ne faut pas croire que je sois exceptionnel en ayant demandé la grande faveur d'aller au front, écrit un autre, le commandant Geynet. Nos deux adjudants-majors sont deux vieux retraités ayant dépassé l'âge et ayant demandé à servir, à condition d'aller sur le front. Tous les officiers de marine y sont sur leur de-

mande. » Et, quand ils y sont d'aventure,
rien ne les en ferait « démarrer ». Les officiers du premier « jeu », qui ont été évacués pour blessures légères ou épuisement,
à peine rétablis, sollicitent, réclament,
« font les cent coups » pour retourner à la
brigade. « On se languit d'elle aussitôt
qu'on l'a quittée », écrit le lieutenant de
vaisseau Ferry, qui, grièvement blessé à la
main, restera quatre jours avant d'accepter
de se faire soigner dans une ambulance de
l'arrière et reviendra, encore mal guéri,
reprendre sa place d'adjudant-major à côté
du commandant de Maupeou (1). Dixmude, sans doute, les a rendus difficiles.
Tous les risques paraissent fades, même
ceux de la vie maritime, près des émotions
d'une telle vie. Mais, plus que de leur inac-

(1) Le capitaine de frégate de Maupeou, dont l'action sera connue par la suite, devait remplacer à la
brigade le commandant Mauros.

tion momentanée, ils souffrent du mal de l'absence et d'avoir perdu celle qui a pris tout leur cœur ; ils l'appellent, ils l'invoquent : « O ma chère brigade ! » du ton dont Harpagon s'adressait à sa cassette envolée. L'armée, a-t-on dit, est une grande famille : la brigade, c'est mieux encore, et ces hommes en parlent avec des tendresses d'amoureux.

Les lettres de l'enseigne Boissat-Mazerat constatent, à cette même date du 18 novembre, l'excellent esprit de camaraderie qui règne chez les officiers : on fait aux nouveaux venus un aussi bon accueil « que le permettent et le lieu et les circonstances ». Vers le soir, la neige recommence à tomber. Il gèle. Froid intense. Rien pour le combattre qu'un peu de paille. Les Sénégalais sont particulièrement éprouvés. Mais « Jean Gouin » ne se plaint pas trop. Il « ne connaissait plus le goût du tabac », et

deux marchands belges ont eu l'à-propos
de débarquer à Hoogstaede dans l'après-
midi avec un plein chargement de scafer-
lati : en un clin d'œil, leurs sacs sont dé-
lestés. Bourrer une pipe, rouler une chique,
quelle joie ! Et puis tous les estaminets
d'Hoogstaede et de Gyverinchove ne sont
pas encore complètement « à sec ». Entre
temps, on arrête quelques espions qui rôdent
autour de nos lignes : deux le 18 novembre,
deux autres, habillés en soldats belges,
le 19. Le froid semble maintenant se fixer.
Il gèle chaque nuit. La campagne est toute
blanche : « c'est une harmonie nouvelle
dans un cadre ancien », écrit joliment l'enseigne Humbert. La grande plaine flamande, avec son moutonnement de petites
fermes basses, de bourgades en rond sous
la houlette de leurs clochers obliques, continue de s'étendre à l'infini ; la neige égalise
peu à peu le paysage bouleversé ; elle panse

de sa ouate les plaies de la glèbe, comble les entonnoirs des « marmites », nivelle les longues routes droites où ne cessent de défiler les convois et les caissons d'artillerie. Des coloniaux passent, venant de Dixmude et faisant un crochet pour tourner vers Ypres. La canonnade, dans le lointain, n'arrête pas ; des taubes sillonnent le ciel. Inévitablement, après leur visite, les gros obus vont pleuvoir : nous sommes ici les uns sur les autres et ces grouillements de troupes sont une cible trop tentante pour l'ennemi.

Quant à espérer de reformer la brigade en pareil lieu, c'est impossible. L'amiral s'est plaint au quartier général : il insiste pour qu'on lui assigne un autre cantonnement, plus loin du front, moins encombré surtout, où les régiments puissent poursuivre la remise en état de leurs unités. Mais toutes les villes belges de l'arrière

sont aussi encombrées. Il faut pourtant « se
déhaler » de là coûte que coûte, fût-ce au
prix d'une marche forcée, et gagner la
frontière française. Enfin on apprend que
l'amiral brusque les choses et qu'on va partir pour Dunkerque. Mais les ordres ont-ils
été mal donnés ou mal interprétés? Toujours est-il que ce départ à six heures du
matin, en pleine nuit noire et « en pa-
gaille », le 22 novembre, ne ressemble
guère à notre retraite méthodique de Gand :
les troupes sont coupées à chaque instant
par des convois; des voitures s'embour-
bent; « Jean Gouin », attelé à ses mitrailleuses, « souque dur (1). » Mais on a trop
compté sur ses forces en lui imposant une
traite de 35 kilomètres à exécuter en une
seule journée, avec une simple halte de
trois quarts d'heure pour déjeuner et une

(1) Carnet du docteur L. G...

autre petite halte d'un quart d'heure après
Bergues. Et les médecins ici ne peuvent
recourir au stratagème qu'ils avaient em-
ployé avec tant de succès au lendemain
de Melle, sur les routes du pays de Waës;
quand un marin lâchait la rampe, un de
nos docteurs s'approchait du lendore, le
carnet à la main, et lui demandait d'un
ton détaché l'adresse de sa famille.

— Pour quoi faire?

— Mais pour la prévenir que tu es prisonnier, mon pauvre garçon. Les Boches
sont à un quart d'heure de marche, et tu
ne supposes pas qu'ils vont te renvoyer
goûter le cidre de tes parents...

Besoin n'était d'autre spécifique, et « Jean
Gouin » retrouvait instantanément des
jambes (1). Cette fois, il sait trop bien que
l'ennemi ne galope pas à ses trousses.

(1) Journal de l'enseigne C. P...

Vaille que vaille, Fort-Mardyck, Saint-Pol et Petite-Synthe sont atteints par le gros de la troupe vers cinq heures et demie. En temps normal et pour des fantassins un peu entraînés, cette traite de neuf lieues n'aurait rien eu d'excessif. Mais « Jean Gouin est fini, claqué par trente-cinq jours de tranchée, suivant le mot de l'enseigne Boissat-Mazerat : les hommes sont arrivés dans un état lamentable d'épuisement (1). La

(1) Cf. Luc Platt : « Voilà bien longtemps que nous marchons et j'ai mal à mon pied droit. Toto au pied gauche. D'autres aussi (signes précurseurs!). Il commence à se faire tard quand nous atteignons Bergues... A partir de cette ville, je ne suis plus qu'un automate, sans volonté, sans idée. Oh! marcher ainsi, malgré soi, sur une route interminable!... Nous voilà à 4 kilomètres de Dunkerque. Les bornes kilométriques le disent, mais il faut faire un détour. Comment [faire] entrer dans Dunkerque ce régiment de marins exténués, dont la moitié sont restés en route? Et c'est le grand détour par Capelle, Pont de Petite-Synthe, Petite-Synthe. Nous nous arrêtons. Tout le monde se couche par terre : c'est désolant. Longtemps nous

LES MARINS ARRIVENT SUR LE FRONT EN AUTOBUS

brigade devait donc se reposer ; mais, ce soir [23 novembre], on a réclamé du renfort quelque part, sur le front. Alors, nous avons pris ceux qui tiennent encore debout, et, demain, un train d'autobus va conduire nos deux régiments squelettes là où on les trouve utiles, — je ne sais pas où. Il faudra y voiturer Jean Gouin, parce que, si Jean Gouin est encore capable de se battre, il n'est plus en état de fournir une étape un peu longue. » Les officiers ne sont pas

attendons, puis, au moment où nous croyons loger chez l'habitant, il faut repartir. Encore ! Nous irons ainsi jusqu'à Saint-Pol-sur-Mer, à un kilomètre de Dunkerque, après avoir fait 14 kilomètres de détour. Sur la place Carnot nous sommes formés en colonne de compagnie et nous attendons. Une sorte de crise de nerfs me prend : je fonds en larmes. Cela me soulage. Je ne peux plus marcher. Nous entrons dans une salle de classe d'une grande école : les tables sont mises en tas, la paille arrive. Je me couche assommé de fatigue, pendant que d'autres trouvent le courage d' « aller à terre ».

moins fourbus que les hommes. « Nous
sommes arrivés hier à Saint-Pol, écrit le
commandant Geynet. Nous avons fait
40 kilomètres à pied. J'ai eu la malchance d'avoir, dès le début de la marche,
une ampoule, et je suis arrivé dans un bien
triste état. Je me promène dans la rue en
chaussons. Mais demain, pour aller voir les
Boches, mon pied sera guéri, ou il dira
pourquoi. D'ailleurs, nous serons conduits
comme des princes, tous en autos! »

Tous? Non. Et il a fallu créer à Saint-Pol
une formation sanitaire nouvelle, un « dépôt
d'éclopés ». Toute la nuit et la journée suivante, des traînards ralliaient ce dépôt, les
pieds en sang. Piteux défilé! La brigade trouvait une compensation dans la bonne grâce
des habitants. « Partout ils nous accueillent
d'une façon touchante, écrit un officier (1).

(1) Carnet du docteur L. G... De même Luc Platt :
« Les braves femmes des alentours viennent nous

Les femmes nous comblent de prévenances :
elles passent de groupe en groupe avec de
grandes cafetières, des paquets de tabac. Les
propriétaires nous offrent des chambres.
C'est grâce aux marins que Dunkerque n'est
pas tombée aux mains des Boches, et on sait
les en récompenser. » Seul, à Saint-Pol, le
commandant Geynet, qui vit « en popote »
avec ses officiers, n'a pas à se louer d'un
fermier flamand dont l'attitude contraste
singulièrement avec celle des autres habitants : « Hier, pour le déjeuner, écrit-il,
nous étions en pays français. Un paysan n'a
même pas voulu nous laisser manger dans
sa cuisine; nous avons dû déjeuner sur la
neige. Une belle nappe bien blanche, mais

apporter leur café, leur lait; les maîtresses de l'école
[qui sert d'infirmerie] apportent leurs consolations...
[Dans les rues], les habitants nous arrêtent, nous
interrogent; les gosses veulent presque se battre pour
savoir celui qui portera un paquet, un sac, un fusil. »

il faisait si froid que la bière gelait dans la timbale ! »

De ces cœurs plus glacés que la température, combien étaient acquis à l'ennemi bien avant la guerre et lui servaient chez nous de fourriers ! Une hirondelle ne fait pas le printemps, ni un mauvais Flamand toute la Flandre : partout ailleurs la brigade, choyée, fêtée, était reçue « à bras ouverts » et déjà les hommes prenaient leurs dispositions pour passer sur place la quinzaine de repos dont ils avaient tant besoin ; cent trente sacs de lettres en souffrance à Dunkerque (1) allaient calmer enfin leur fringale de nouvelles, quand brusquement, vers midi, le 23 novembre, arriva l'ordre de se tenir prêts au départ.

« Choisir les hommes les plus solides, compléter les cartouches à 200, donner un

(1) D'après Luc Platt, il y avait eu en route, à Hondschoote, un commencement de distribution.

repas froid et deux jours de réserve » ,
telles étaient les instructions passées aux
officiers : le lendemain, à six heures du
matin, les autobus devaient venir prendre
la brigade et la transporter dans un lieu
que les instructions ne précisaient pas.

V

Qu'était-il arrivé et où allait-on? Les versions les plus contradictoires circulaient : les uns disaient qu'on allait à Nieuport, où la ligne des Alliés avait fléchi; les autres qu'on nous envoyait à la Panne prendre la garde d'honneur du roi des Belges; les mieux renseignés, qu'on nous dirigeait sur Loo et le front de l'Yser menacés.

C'était ceux-ci qui avaient raison, sans que les premiers eussent tout à fait tort. L'alerte était due à un rapport de Védrines, le célèbre aviateur, qui, patrouillant en aéro dans la région de Woumen, avait cru remarquer une activité singulière des Allemands sur l'Yser, où plusieurs passerelles volantes venaient d'être lancées. Ces préparatifs semblaient l'indice d'un imminent retour offensif de l'ennemi. En prévision de l'attaque redoutée et dans l'incertitude où l'on était du degré de solidité des territoriaux qui gardaient l'Yser, le commandant de la VIIIe armée faisait appel à la brigade et lui demandait un dernier effort.

A quatre heures du matin, le 24 novembre, branle-bas général. Tous les hommes valides sont debout. On expédie le «jus». Il fait nuit, mais la neige éclaire le chemin. Départ à six heures un quart pour un carrefour, sur la route de Gravelines à Dunkerque, où les autobus doivent nous prendre. Et déjà la température est moins rude; les vents ont passé au sud; la neige fond. C'est le dégel, et de nouveau la boue.

L'intendance — «l'habillement», comme disent les marins — n'a pas eu le temps de procéder au rééquipement des hommes ; ils ont aux pieds les mêmes savates éculées ; ils grelottent et les autobus tardent. On les attend près d'une heure en battant la semelle. Une sourde trépidation du sol annonce enfin leur approche : il y en a près de cent cinquante, de tous les gabarits, de tous les calibres, uniformément peints en ce gris de fer qui est la couleur de la guerre moderne. Le service semble bien organisé et nos officiers en feront grand éloge. Quant aux marins, pour qui ce genre de locomotion est une nouveauté, ils manifestent une joie d'enfants. C'est au milieu des chants et des lazzis que le bruyant convoi traverse au petit jour Dunkerque, Bergues, Hondschoote, Leysele, où ne veille plus aucun douanier. Sans les poteaux-frontière, rien n'indiquerait que nous avons quitté les « moëres » du Nord pour les glèbes de la Flandre occidentale, tant ce lambeau de Belgique est aujourd'hui mieux cousu à la France qu'à son propre territoire !...

On ne sait toujours où l'on va. Des villages émergent tout d'une pièce de la brume : Isinberghe, Rexpode, Gyverinchove, et y rentrent à peine sortis. Encore une bourgade : Linde. Cette fois on stoppe : les autobus ne vont pas plus loin. La brigade descend, mais garde sa formation jusqu'au retour des fourriers qu'on a envoyés reconnaître le cantonnement à Loo. Le dégel se précipite; la neige fond avec une rapidité déconcertante. « Pendant une heure et demie, écrit un officier, nous patinons dans la boue, sur la route de Linde à Pollinchove, attendant le signal de nous mettre en route. Chacun grignote un morceau de pain. Jean Gouin sort les douceurs qu'on lui a glissées dans son sac avant de partir. » Nos fourriers reviennent. Il y a déjà de la troupe à Loo : la ville est trop petite pour nous loger tous. On laissera donc une partie de la brigade (2ᵉ régiment) à Pollinchove, tandis que le 1ᵉʳ régiment poussera jusqu'à Loo, à 11 kilomètres de Dixmude. Il y arrive vers deux heures de l'après-midi. Mais presque tous les bâtiments, couvents, écoles, sont déjà réquisitionnés ; à peine s'il reste assez de lits pour l'état-major et les officiers supérieurs (1). Un bataillon (le 3ᵉ du 1ᵉʳ régiment) campera même dans l'église, sur la paille, avec

(1) « Il n'y a pas de lits pour tous les officiers ; mais le capitaine et moi avons trouvé une petite chambre-bureau où la nuit on n'est pas mal sur la paille. » (Journal de l'enseigne C. P...) « Nous vivons (trois officiers et notre cuisinier) dans un salon démeublé, occupé le jour par nos fourriers », écrit de son côté (lettre du 29 novembre) l'enseigne de Cornulier. Mais, ajoute-t-il, le 2 décembre, « comme nous avons du moins un toit, des vitres (luxe inconnu, quand on approche des régions bombardées), et de la paille, nous n'avons à souffrir physiquement de rien. »

la moitié de ses cadres; les fonts baptis-
maux serviront d'infirmerie. « Notre cou-
chage, à nous autres médecins, écrit le
docteur L. G..., est dans la tribune, près
du buffet d'orgues. Le vent, glacial, passe
par les vitraux cassés. Mais la fatigue l'em-
porte et nous nous endormons à pleins
poings. »

Toute la nuit pourtant, le canon tonna.
On était fait à cette chanson. Au matin,
nos hommes rendossent le sac. Ils s'atten-
dent à partir d'une minute à l'autre pour le
front. Or, il y a maldonne, paraît-il. « Sac
à terre! » Védrines s'est trompé, ou l'ennemi s'est ravisé, et la brigade reste provisoirement sur place.

A parler franc, personne ne s'en plaint.
Tout au plus la brigade eût-elle souhaité
qu'on lui attribuât un cantonnement moins
démuni. Par bonheur, les marins sont in-
génieux. Le bataillon logé dans l'église n'a

ni âtres, ni fourneaux : quelques briques posées de champ devant le portail, et voilà l'affaire. Il ne bruine plus ; le pavé miroite. Verglas. Mais tout vaut mieux que la boue, et la bonne odeur qui monte des cuisines en plein vent achève de ragaillardir nos clampins. Seul, à Pollinchove, le 2ᵉ régiment demeure en alerte : si le front de l'Yser, autour de Dixmude, ne donne aucune inquiétude immédiate, les choses ne vont pas aussi bien à Nieuport où il est exact que notre couverture a été quelque peu maltraitée. Ordre est venu de détacher à son aide un bataillon de la brigade. Lequel? On ne le sait encore, sauf qu'il sera prélevé sur le 2ᵉ régiment. Dans l'après-midi, après une visite de taube, on apprend que le choix de l'amiral s'est porté sur le 1ᵉʳ bataillon (commandant de Jonquières) ; des autobus l'emmènent le soir même à Oost-Dunkerque.

Nous retrouverons plus tard ce bataillon, qui contribuera brillamment à la prise de Saint-Georges et qui fera pour ainsi dire bande à part pendant un certain temps. Les deux autres bataillons du 2ᵉ régiment cantonnés à Pollinchove (commandants Pugliesi-Conti et Mauros) n'y feront eux-mêmes que passer et retourneront le 29 aux tranchées de Caeskerke, où ils se relaieront (1). Mais le 1ᵉʳ régiment ne rentrera en action que le 5 décembre. Ces neuf jours de répit seront employés à remettre les unités en état, à former les « nouveaux », à rééquiper les anciens. (2). Ce ne

(1) Sur la participation de ces deux bataillons à la défense de la ligne de l'Yser, devant Dixmude, du 29 novembre au 8 décembre, voir, à l'*Appendice*, le récit de l'enseigne D...

(2) « Il faut compter tout ce qui manque ; tous les outils et gamelles des groupements ont été abandonnés par leurs propriétaires dans le combat du 10 ». (Journal du quartier-maître Luc Platt.)

sera pas le cantonnement idéal, tel qu'on aurait pu l'avoir à Fort-Mardyck ou à Petite-Synthe; l'empilement des hommes, les difficultés de l'approvisionnement, les visites de taubes, les surprises des marmites et cette atmosphère d'espionnage qui nous enveloppe depuis le début des opérations, rendront même ce cantonnement assez dur; le dégel, la pluie, le vent, toutes les intempéries d'une nature hargneuse, qui semble de connivence avec l'ennemi, ajouteront aux insuffisances des locaux et de la nourriture. Mais, enfin, ce sera la trêve, sinon le repos complet. Et à tout le moins les hommes pourront « se dévermi-ner » ; les médecins et les « ingénieurs » de la brigade étudieront des systèmes de chauffage de tranchées pour l'hiver. On sait fort bien que, si l'ennemi a «renoncé» sur Dixmude, ce n'est que pour recommencer la poussée sur un autre point de la

ligne, et il est sage de « prendre ses précautions en conséquence » .

D'ailleurs, quoique moins favorisés, les
deux bataillons détachés aux tranchées de
l'Yser et qui font partie, avec trois sections
de mitrailleuses, d'un groupe de toutes
armes sous les ordres du colonel Boichut,
ne laisseront pas, eux non plus, de goûter
quelque répit et, à tour de rôle, cantonne-
ront à Lampernisse. Pour donner un peu
d'air à la brigade, l'amiral les remplace à
Pollinchove par le restant des sections de
mitrailleuses. Lampernisse et Pollinchove
ne sont que des villages, mais Loo, cita-
delle désaffectée, compte encore 2 000 habitants. La ville est bien déchue sans doute,
depuis le temps où elle faisait l'avant-garde
de Furnes vers l'Yser. De son corset de
bataille, elle n'a conservé que quelques
lambeaux de remparts, des vestiges de
fossés. Loo, comme Dixmude, est devenue

LOO. — L'HÔTEL DE VILLE

un gros bourg agricole, épanoui autour de
son clocher et tout embaumé d' « odeurs
chaudes de pâtisserie (1) ». Trois « cou-
ques » dorées sur champ de gueules lui
composeraient un blason assez congru.
Métropole du massepain et des feuilletés à
la crème, détachée de sa gentilhommerie
au point d'avoir installé une auberge dans
son joli hôtel de ville de 1640 (2), rien n'y
parlerait plus au souvenir sans l'énorme
vaisseau de l'église abbatiale et le fameux

(1) Pierre NOTHOMB, *l'Yser*.

(2) « Chose amusante ici : un bâtiment de joli style
Renaissance, qui porte le nom d'hôtel de ville, n'est
pas la mairie, comme on pourrait le croire, mais un
petit hôtel-restaurant où plusieurs de nos camarades
prennent une pension d'ailleurs un peu chère. Il est
vrai qu'en temps de guerre et à proximité immédiate
du front... » (Journal de l'enseigne C. P...) D'après
MM. Jérôme et Jean Tharaud, il faudrait distinguer :
« Dans le bâtiment, nous écrivent-ils, il y a à la fois
la mairie et le restaurant, — ce qui, d'ailleurs n'est
pas particulier à Loo. En Flandre, en Allemagne, en
Suisse, c'est presque toujours ainsi. »

« arbre de Jules César », qui, hors des murs, dans un paysage immobile, monte sa faction historique sur l'horizon (1).

Ce paysage, qui semble avoir été conçu pour la guerre de parallèles, c'est l'éternel paysage géométrique des Flandres : un damier de pâturages, coupé par les remblais des routes, les longues colonnades des peupliers et la ligne droite des canaux. Mais les routes sont défoncées, les arbres hachés, les canaux vides et, sur les digues solitaires, s'est tu le hahan rythmé des haleurs. Pour peu que l'inondation pro-

(1) Ici encore, nous devons rectifier d'après les Tharaud, témoins oculaires (ils appartenaient au 94° régiment territorial, 178° brigade, 89° division, et, pendant les journées critiques de novembre, l'un d'eux était dans la bicoque d'Harwind, près du pont de Knocke, en qualité de cycliste du colonel de Percy, lequel était en relations quotidiennes avec l'amiral) : « L'arbre de Jules César, nous écrivent-ils, est un vieil if rabougri, près d'une petite porte de brique, en pleine ville, au bord d'un fossé bourbeux. »

gresse jusqu'à elle, Loo pourra se croire revenue au temps où le pirate Godwin cinglait vers ses berges : elle jalonnait alors, avec Alveringhem et Lampernisse, l'extrémité occidentale du golfe de l'Yser ; elle faisait figure de ville maritime. Aujourd'hui encore, sa position sur le canal de Furnes, au point d'intersection de quatre ou cinq grandes routes, lui assigne un rôle de premier plan dans la défense. C'est un nœud stratégique presque aussi important que Dixmude. Nous y eûmes dès l'abord le gros de nos réserves et de là partirent toutes les attaques rayonnantes lancées avec tant d'audace par le général de Mitry vers la forêt d'Houthulst, Clerken et Roulers (1) : mais la ville s'est insuffisamment préparée à son nouveau rôle. Et, depuis longtemps déjà, les troupes qui s'y succèdent ont

(1) V. plus haut la note de la p. 59.

épuisé toutes les ressources locales (1).
Ce serait la famine, le désert, comme après
le passage des sauterelles, si Mercure, dieu
du risque et des profits rapides, n'avait
touché de sa grâce tant d'honnêtes Fla-
mands sédentaires : d'Hondschoote, de
Furnes, de Coxyde, débarquent journel-
lement, par brouettes attelées de chiens ou
poussées à bras d'hommes, des conserves,
du tabac, des bougies, des allumettes, du
thé, du savon, toute une pacotille hétéroclite, cartes transparentes et cartes pos-
tales comprises, jusqu'au moment où défense viendra d'employer ces dernières
pour la correspondance, en raison des
renseignements qu'elles peuvent fournir

(1) « Heureusement, dans tous ces pays, il n'y a
plus de ressources d'aucun genre, pas même d'alcool,
ce qui nous protège de l'ivrognerie, la plaie des régiments de marins. » (Lettre de l'enseigne de Cormu-
lier.)

sur les positions assignées à nos troupes.

La vie est un peu chère sans doute dans les restaurants de Loo. Cependant voici un officier supérieur, le commandant Geynet, qui ne paie que 5 francs par jour ses repas et 1 fr. 10 sa chambre. Cela n'a rien d'excessif en vérité, même pour un prix de guerre. Et, tout doucement, « on se remplume ». Les cent trente sacs de lettres en souffrance à Dunkerque et après lesquelles on soupirait depuis si longtemps sont arrivés le 25, dans un « gros chariot » qui suivait la brigade. Le dépouillement de cette volumineuse correspondance remplira une partie de la journée et pas mal d'heures des suivantes. C'est qu'une lettre au front, comme elle est un régal pour les cœurs, est encore « une fête pour tous les sens : on la palpe, on la respire, on la déguste autant qu'on la lit. Et l'ouïe retrouve sous les mots le timbre familier de la voix qui les dicta (1). » Toutes ces opérations prennent évidemment un certain temps. Et, par surcroît, quand elle est sue par cœur, la lettre passe de main en main. Tant de ces hommes sont du même pays, souvent du même village! Et les langues d'aller leur train! Rien ne presse : on peut bavarder à l'aise, puisque les Boches ont de l'occupation ailleurs. On sait que les alpins et les coloniaux tiennent « fameusement » à Steenstraete, devant Bixschoote, où ils forment l'aile gauche de l'armée anglaise, le long du canal d'Ypres à l'Yser. Sur l'Yser même, les territoriaux « se conduisent très bien (2) ». La 173ᵉ brigade de la

(1) Enseigne B... *Correspondance particulière.*
(2) Carnet du docteur T... — Sur l'origine de ces territoriaux, Jérôme et Jean Tharaud précisent : « Il y avait sur l'Yser deux divisions territoriales : la 87ᵉ (général Roy, puis Joppé, formée de contingents bretons et normands (avec des Parisiens aussi) et la 89ᵉ (général de Trentinian), la nôtre, formée de contin-

87ᵉ D. I. T., commandée par le colonel
Conte, est tout entière bretonne (73ᵉ et
74ᵉ régiments) ; nos hommes ont là des parents, des amis. On fraternisera à la première occasion. En attendant, on est content
de savoir que, « troupes de terre u troupes
de mer, les *mibien ann hini Goz* (les fils de
la Vieille) font partout leur devoir (1). »

Puis il court toutes sortes de rumeurs fa-
vorables : à Lyon et à Rouen, — ou peut-
être à Tarascon, — nous avons des réserves
« énormes », qui vont entrer en ligne aussitôt fait leur plein de munitions, « deux

gents charentais, périgourdins et limousins. C'est cette
dernière qui tenait la droite des fusiliers le long du
canal, à partir de Saint-Jacques-Cappelle ; c'est elle
— on le sait — qui releva les fusiliers à Dixmude
(avec des compagnies de chasseurs alpins). Et, plus
tard, nous les avons encore eus pour compagnons dans
la région de Steenstraete et de la Maison du Passeur.
Lorsqu'ils ont quitté Steenstraete, nous les avons remplacés dans une partie de leurs tranchées. »
(1) Lettre du deuxième maître Le C...

millions d'obus » , précisent les renseignés ;
le forcement des Dardanelles n'est qu'une
question de jours : on l'attend pour la fin
de la huitaine, de la quinzaine au plus. Le
30 novembre, un de nos médecins surprend une conversation sous sa fenêtre :
« Ma femme, dit un des interlocuteurs, a
vu l'ambassadeur de X... qui lui a confirmé
que, pour fin décembre, les Russes seraient
à Vienne et que Berlin ne serait pas loin
d'être investie. » Ces sornettes font le tour
des carrés : dans la guerre moderne, le
front vit en vase clos plus encore que l'arrière et la faculté critique n'y trouve à
s'exercer que sur des on-dit.

La grande affaire, presque la seule pour
le moment, est la réorganisation de la brigade. Elle va bon train. Le commandant Geynet, dont certaines compagnies
n'avaient plus qu'un tiers de leur effectif,
reçoit enfin, le 28, 450 hommes de Paris,

« de beaux gars qui, comme leurs anciens,
n'ont qu'un désir, aller au feu. » Il les
prend en main aussitôt. D'une heure à
quatre, tous les jours, il leur fait faire
l'exercice dans la campagne ; il les entraîne
à la marche et au maniement des pioches ;
il tâche surtout, par ses harangues enflam-
mées, de leur communiquer son ardeur, sa
brûlante soif de sacrifice. Mais, mieux que
toutes les paroles, le canon qui gronde sans
discontinuer retentit dans ces âmes. Il
« nous rend tous *pompette* » , écrit le gentil
Maurice Faivre. Comment garder son sang-
froid, en effet, quand les marmites tombent à moins d'un kilomètre de la ville?
Le 28, sept hommes sont ainsi blessés
dans la campagne par l'explosion d'un
obus. Conditions plutôt fâcheuses pour
un cantonnement de tout repos, comme
devrait être celui de la brigade. Le général
d'Urbal en a convenu tout le premier. Il a

dit, le 26, aux officiers, qu'il les avait fait revenir parce qu'on croyait à une attaque en force, mais que, « d'ici trois ou quatre jours, il les renverrait à Dunkerque ou à Cassel pour reformer la brigade, afin d'avoir un bon outil pour l'offensive prochaine (1). » Mais le temps passe. Les promesses ne se réalisent pas. Et peut-être, dans le fond, n'en est-on pas autrement fâché : la vie de tranchée, ses risques, ses surprises, tout son imprévu, exerce une séduction particulière sur ces hommes. Les anciens la regrettent dans cette Capoue boueuse de Loo, où la vie se traîne sans incidents, et les nouveaux aspirent à la connaître.

« Faute d'éclairage », tout le monde est couché à huit heures et levé à six et demie ; le jour, en dehors de la paperas-

____

(1) Lettre du commandant Geynet.

serie et des exercices, on ne sait à quoi employer son temps. « On se rase », dira crûment un officier. En attendant la nuit, qui tombe tôt heureusement et ramène l'heure du bridge, joué aux chandelles, on se promène comme des bourgeois, la canne à la main, sur la route de Furnes ou de Polinchove, quand le temps le permet. Mais, presque toujours, il pleut ou il vente. Le froid ne s'établit pas. « Même temps mou. » Et l'inévitable boue des Flandres, l'argile liquéfiée qui colle à la semelle sur les routes les mieux macadamisées !

Quelques patrouilles, des reconnaissances nocturnes vers l'Yser (1), ne seront pas des

(1) « J'ai raté, écrit le 4 décembre le commandant Geynet (je n'en dors pas depuis deux jours), l'occasion de faire un beau travail personnel, mais je n'avais que mon cycliste, il faisait noir et ils étaient onze. Je me serais fait tuer ou prendre peut-être bêtement ; je n'avais que ma canne et mon revolver. Je suis revenu

dérivatifs suffisants. Les éléments de distraction font si cruellement défaut que des
« sceptiques notoires » assistent aux offices
« pour passer le temps » et ne sont pas toujours les moins « empoignés » par la sim-
plicité tout antique de ces cérémonies où
semble revivre l'esprit des premières com-
munautés chrétiennes.

Messes singulières, à vrai dire, servies,
au bruit de la canonnade, par des acolytes
en tenue de campagne, entre des murs dé-
pouillés, sur un autel sans ornements, dans
une église convertie en dortoir et dont les
occupants continuaient à vaquer au sommeil ou à l'astiquage de leurs armes (1) ;

prendre dix hommes, mais je n'ai pu les retrouver.
Ce n'est pas de chance, car il y avait trois officiers.
Cela se retrouvera, mais je n'irai plus seul la nuit pour
étudier le terrain. »

(1) Lettre de l'enseigne de Cornulier. Par une
louable précaution (l'église a été détruite), le gouver-
nement belge en avait fait enlever les pièces les plus

L'ÉGLISE ABBATIALE DE LOO

la nef centrale avait été simplement déblayée ; à l'issue de l'office, l'orgue attaquait la *Marseillaise,* «chantée par un baryton d'Opéra » du 89ᵉ territorial, mais sur
un rythme si « lent », si « religieux » , que
les hommes, troublés, n'osaient «reprendre
en chœur le refrain (1) » . De petites prises
d'armes suivaient quelquefois pour de nou-

importantes : « le tableau de Vigoureux Bouquet,
d'un savoureux cachet du dix-septième siècle ; le joli
maître-autel de Van Boekhorst, un élève de Van
Dyck, qui rappelle d'ailleurs le Maître et que la
critique désigne plus généralement sous le nom de
Lang Jan, le grand Jean ; le devant d'autel, remarquable par ses broderies d'or d'une exécution singulièrement habile ; les chasubles d'une ornementation plus discrète ; le tabernacle en ébène rehaussé de
cuivre ciselé. » (Albert HERRENSCHMIDT, *Parmi les
reliques.)*

(1) Journal de l'enseigne C. P... — « Il s'agit sans
doute de mon ami Besse, brancardier de notre division, qui a préparé le Conservatoire et qui travaillait
chez l'éditeur Laffitte au moment de la mobilisation.
Il n'a jamais été de l'Opéra. » (Lettre de Jérôme et
Jean Tharaud.)

velles remises de décorations, entre autres
au premier maître Lebreton, un des meilleurs gradés du 2ᵉ régiment, blessé dans
l'affaire du 24 octobre; elles avaient lieu
d'ordinaire à huit heures et demie. Mais
la prise d'armes du 27 novembre, véri-
table revue des morts, fut particulièrement
« impressionnante » : le commandant de la
VIIIᵉ armée, dans un ordre du jour dont la
lecture devait être faite par l'officier de service, avait dressé la liste des pertes subies
par la brigade. C'était l'après-midi, et le
1ᵉʳ régiment au complet était rassemblé dans
l'église abbatiale, immense et nue comme
un hypogée avec les « vieilles plaques tom-
bales » encastrées dans ses murs et dont les
prolixes inscriptions rappelaient d'honorables carrières de chapelains et de mar-
guilliers locaux. Le ban ouvert, l'adjudant-
major Lefebvre commença la lecture; les
noms tombaient dans le silence de l'énorme

vaisseau, uniformément suivis de la mention : « Mort à Dixmude. » Et, à mesure
que la funèbre liste se déroulait, l'op-
pression gagnait tous les cœurs ; l'air était
agité d'un sourd frémissement, pareil à
celui de ces ombres qu'Ulysse évoquait sur
un cap perdu de la mer cimmérienne et qui
l'enveloppaient de leur invisible tourbillon.

Presque tous les carnets d'officiers,
entre cette date du 27 et le 5 décembre
(date du départ de la brigade), sont vides ou
contiennent pour toute mention : « Rien à
noter... Rien de particulier... » A la date
du 28 cependant, l'un d'eux rapporte le propos d'un étudiant allemand fait prisonnier,
d'après qui le Kaiser aurait « le ferme
espoir d'être à Calais pour le 10 décembre. » Le 30 novembre, un autre officier raconte que son camarade Pelle-Des-
forges est monté dans le clocher et a pu
constater que toute la région au sud de Loo

était inondée. Le 1er décembre, écrit le commandant Geynet, « j'ai vu une belle chose : une toute jeune femme, repasseuse à Paris, est venue embrasser son mari, un simple matelot de mon bataillon. Elle repart ce soir. Elle a mis huit jours et a dû venir de Dunkerque ici à pied. » Le 2 décembre, tous les yeux sont en l'air : deux aéroplanes, un aviatik et un avion français, se livrent un duel au-dessus de Loo. Pas de résultat. Mais voici qui est plus grave : on vient d'apprendre, le même jour, qu'à Lampernisse l'église a été repérée et « marmitée » dans la nuit : ci « 120 tués ou blessés (1) ». Or, comme le remarque un offi-

(1) Dont pas un marin. Dans ce chiffre doivent être comprises les victimes faites par le bombardement sur d'autres points de la ville. Le « marmitage », commencé à neuf heures du soir, dura un quart d'heure, éprouvant surtout « des chasseurs de la classe 15. Pauvres gosses ! » (Carnet du lieutenant de vaisseau de M...) Les frères Tharaud précisent qu'il eut lieu le

LAMPERNISSE. — L'ÉGLISE APRÈS LE BOMBARDEMENT

cier, « il n'y a pas plus loin d'Eessen [d'où tire la grosse artillerie allemande] à Loo que d'Eessen à Lampernisse. » Et, par précaution, l'amiral décide d'enlever les 750 hommes du 3ᵉ bataillon qui sont logés dans l'église.

Reste à leur trouver un autre cantonnement. La place faisant défaut à Loo même, on dirige le bataillon sur Pollinchove. Mais, à Pollinchove, les locaux sont aussi encombrés qu'à Loo : force est bien de s'éparpiller dans les fermes environnantes, dont plusieurs sont pleines de réfugiés (1). Leurs grands toits retombants trempent dans une

1ᵉʳ décembre. V. aussi à l'*Appendice* le récit de l'enseigne D...

(1) « Départ à midi trente pour Polinchove, où les compagnies se dispersent, réparties en plusieurs fermes, un peu à l'étroit. La 9ᵉ compagnie loge chez de braves gens, pas du tout partisans des Boches, qui hospitalisent déjà une vingtaine de réfugiés belges et un nombreux bétail. » (Journal de l'enseigne C. P...)

mer de boue, à la façon de ces arches de
Noé que les vieilles estampes nous montrent
naviguant vers le mont Ararat. Et, sur ce
sol spongieux, dans la moiteur chaude des
fenils, la paille fermente désagréablement.
Mais on a l'impression qu'on n'y « moisira »
pas longtemps, et on s'en félicite, en
somme. Ce repos sans confort finissait par
peser à tout le monde. La brigade a pu re-
faire ses unités ; les armuriers ont passé la
revue des fusils ; un nouveau matériel de
ravitaillement a remplacé les anciennes
voitures poussives du Bon Marché, du
Louvre, des Galeries Lafayette, qui mena-
çaient ruine à chaque cahot. Bref, il ne
manque que des souliers. Quant au reste,
grâce aux envois des journaux et des socié-
tés d'assistance militaire, on en est large-
ment pourvu : paires de mitaines, plas-
trons, passe-montagnes, caleçons, cou-
vertures, chandails, tricots, chaussettes

affluent par ballots à la brigade. Il arrive jusqu'à du cadum pour les pieds, — 8 000 boîtes, don de la manufacture, — du tabac et des cigares de *la Civette*, même des lampes électriques de poche, offertes par l'État aux officiers. « Voyez comme nous sommes gâtés ! »

Mais les souliers ne sont toujours pas « signalés », ce qui amène les protestations des officiers. Va-t-il falloir que leurs compagnies retournent au feu avec leurs savates éculées, qu'elles hivernent pieds nus dans la boue des tranchées ? Le 4 décembre, enfin, on réussit à obtenir « une bonne paire de brodequins pour chaque homme » ; mais « impossible de compléter à deux, chiffre réglementaire ». Comme « variétés de taille », les effets laissent aussi « un peu à désirer (1) ». Telle quelle, la brigade est

(1) Journal de l'enseigne C. P...

« renflouée » et ne demande qu'à lever l'ancre. « Les officiers comme les hommes sont bien malheureux d'entendre le canon, écrit le 1ᵉʳ décembre le commandant Geynet, de voir incendier des fermes à un kilomètre et de ne pas marcher. » On ne sait pas encore sur quel point du front sera dirigée la brigade. Sur Nieuport peut-être, écrit-il le 2, pour donner la main au bataillon de Jonquières. « Si c'est vrai, quelle chance ! Il paraît, comme dit le matelot, que « ça barde là-bas » . Il vaut mieux y être carrément que d'être bêtement à la merci d'une marmite comme les gens de cette nuit. Puis cette vie de tranchées est passionnante : on souffre, il est vrai, du froid ; on ne se déshabille jamais. Mais c'est épatant... » — « Nous sommes impatients de retourner au feu, écrit-il encore le 3. Tous les matins, on calme notre impatience en nous promettant que ce sera pour demain. Le soir, on boucle les cantines... et on reste. » Enfin, à la date du 4 : « Depuis ce matin, la canonnade fait rage. On prépare l'offensive. Vous ne pouvez croire combien ce mot électrise les hommes. Quand, à l'exercice, je leur dis : « On va « marcher, les gars ! » ils regardent avec fierté leur baïonnette, car, disent-ils, il y a plus de « jeu » à embrocher un Prussien qu'à le tuer d'une balle. »

Ce jeu-là, ils le connaîtront bientôt ; mais par quelle vie de misère, quelles souffrances, quelles privations, il faudra l'acheter ! Dans l'enfer des Flandres, si Dixmude fut le cercle de feu, Steenstraete, qui allait s'ouvrir, fut le cercle de boue.

V

LA SITUATION GÉNÉRALE

Le matin du 5 décembre 1914, quand la brigade des fusiliers marins se met en route pour Bosch-Hoek, à 2 kilomètres de Woesten, où elle a reçu l'ordre de se porter « en vue de participer au service de défense de la partie du front du canal de l'Yser incombant à la 42ᵉ division d'infanterie », la situation générale de nos troupes dans le Nord est la suivante :

1° De Nieuport, que nous débordons légèrement vers Lombaertzyde, au pont de Knocke, nous occupons la rive gauche de l'Yser (sauf quelques points : Saint-Georges, la ferme de l'Union, etc., près de Nieuport). Cette ligne est gardée par des troupes françaises et belges de toutes armes. Les fusiliers marins ont eux-mêmes à Nieuport un bataillon (commandant de Jonquières) et, devant Dixmude, dans le groupement Boichut, deux bataillons (commandants Conti et Mauros), mais qui ne vont pas tarder à rejoindre la brigade ;

2° Du pont de Knocke à la passerelle sud de Steenstraete, notre front déborde large-ment l'Yser pour emprunter la ligne du canal de l'Yser à Ypres, qu'il suit jusqu'au pont de Steenstraete (sauf sur une longueur d'environ 1 800 mètres (1), où les Alle-

______

(1) Les *Principaux faits de guerre* du 25 no-vembre au 5 décembre 1914. L'infiltration, nous le savons, s'était faite, le 10 novembre, par Poescle (à mi-distance entre Dixmude et Ypres) : l'ennemi avait réussi à lancer trois compagnies sur la rive gauche où elles avaient été renforcées. « Le 32° corps, en effet, dit le général Z..., après avoir, dans les jour-nées des 7 et 8, préparé une grande attaque de corps d'armée, n'avait pu la déclencher : il s'était trouvé forcé de faire face aux assauts répétés de l'ennemi. Ce

mands ont réussi à prendre pied), franchit le canal au pont de Steenstraete, enveloppe la queue de hameau collée à la tête de pont de la rive droite et descend le long de cette rive jusqu'à quelque cent mètres au delà de la passerelle sud. Cette ligne est gardée moitié par la 38ᵉ division et moitié par la 42ᵉ division d'infanterie, dans laquelle les fusiliers marins vont provisoirement s'encadrer ;

3° De la passerelle sud de Steenstraete à

n'est que le 9 que son attaque put se produire, mais elle ne donna que des succès partiels et de peu d'importance. Elle fut, par contre, suivie, le 10, d'une violente contre-attaque allemande, dans laquelle l'ennemi s'empara de Dixmude et rejeta la 38ᵉ division à l'ouest du canal, où il fit même passer quelques compagnies au pont de Driegrachten et à la Maison du Passeur. Le recul s'étendit également plus au sud, où les Allemands occupèrent le cabaret Korteker ainsi que les tranchées à l'ouest de Langemarck et refoulèrent la 42ᵉ division et le 2ᵉ corps de cavalerie jusqu'au canal, obligeant à reporter dans la région de Woesten et de Boesinghe les deux groupes de 120 que l'on avait antérieurement poussés au sud de Pilkem. »

Zonnebeke, notre front, quittant le canal, oblique dans le sud-est, par Langemarck, jusqu'à son point de jonction avec le front britannique. Cette ligne, qui couvre le saillant d'Ypres et qui a été l'objet d'attaques furieuses pendant presque tout le mois précédent, est gardée, à la date du 5 décembre, par le 20ᵉ corps et des détachements de toutes armes ; elle l'était auparavant par le 9ᵉ corps (Dubois), les territoriaux de Bidon et une pàrtie du 2ᵉ corps de cavalerie de Mitry (1),

(1) Détachement Hély d'Oissel. Outre la 7ᵉ division de cavalerie, avec laquelle il avait brillamment enlevé Staden le 18 octobre et défendu énergiquement, le 20, Westroosbeke et Poelcappelle, le général Hély d'Oissel avait dans son détachement le 125ᵉ et le 66ᵉ d'infanterie, ainsi qu'un groupe de l'artillerie de la 18ᵉ division. Le 16ᵉ corps (Grossetti), le 20ᵉ (Balfourier) et le 1ᵉʳ corps de cavalerie (Conneau) vinrent par fractions, au cours de l'offensive allemande, se joindre aux autres divisions du corps de Mitry qui appuyaient les troupes britanniques sur Saint-Éloi, Wytschaete, Warneton et Messines.

qui avaient étalé le choc sans faiblir (1).

Quelle va être la destination de la brigade au milieu de ce front où elle n'opère plus,

(1) « A l'est d'Ypres, les généraux Dubois, Balfourier et Douglas Haigh n'ont pas cédé en trois semaines un pouce de terrain. » (*Résumé officiel des opérations du 2 août au 2 décembre*.) Le 9ᵉ corps, avec Dubois, l'un de nos meilleurs tacticiens et qui avait déjà donné sa mesure à Signy-l'Abbaye et sur la Marne (v. notre livre *les Marais de Saint-Gond*), s'était particulièrement distingué au cours de la bataille d'Ypres où il avait progressé les **24**, **25** et **26** octobre vers Zonnebeke et sur la route de Paschendaele et où son intervention fut décisive dans la journée critique du **31**, marquée par le repli anglais « Au sujet de l'appui apporté à mon corps d'armée dans ses positions à l'est d'Ypres, écrivait au maréchal French le général Douglas Haig, je désire bien mettre en évidence la façon prompte et efficace par laquelle tous les rangs de l'armée française, qui ont été associés au 1ᵉʳ corps, ont coopéré avec les troupes anglaises à la défense contre l'ennemi commun. Le **31** octobre, quand, à cause de l'approche de l'ennemi vers Zillebeke, nos communications paraissaient en danger d'être coupées, le général Dubois, commandant le 9ᵉ corps, a immédiatement placé un détachement de

comme à Dixmude, en pointe détachée, mais en liaison étroite avec les différents contingents de la VIIIe armée, qui ont devant eux la IVe division d'ersatz, la IIe brigade de landwehr, les IIIe, XXIIe, XXIIIe, XXVIe et XXVIIe corps allemands, déployés de la mer à la Lys sous les ordres du duc de Wurtemberg (1)? Un coup d'œil sur la carte nous l'apprendra.

Bosch-Hoek, vers laquelle on la dirige, est comprise dans le secteur de Steenstraete,

toutes armes à ma disposition. L'infanterie était sous le commandement du général Moussy. Le lieutenant-colonel Payerne du 68e régiment d'infanterie, qui fut blessé, rendit d'appréciables services en cette occasion. Le même éloge peut être fait de la brigade de cavalerie sous le commandement du colonel de Maison-Rouge. »

(1) Ces corps avaient eux-mêmes été renforcés, le 30 octobre, dans la zone anglaise, par des unités appartenant au IIe corps bavarois (prince Ruprecht de Bavière), au XIIIe et au XVe corps allemand (général von Deimling) et ils recevront, en décembre, dans la zone française, de nouveaux éléments d'ersatz rhénan et mecklembourgeois (v. plus loin).

déjà entamé au nord par l'infiltration ennemie et qui forme un angle obtus avec le
secteur de Langemarck. Les attaques allemandes y agissent à la manière d'un coin.
Elles nous ont peu à peu refoulés des abords
de Bixschoote, malgré la splendide *furia* des
zouaves de la brigade marocaine qui ont
enlevé à la baïonnette, près d'Hetsas
(16 novembre), ce fameux bois triangulaire
perdu le 14, repris après trois jours de lutte,
à nouveau perdu et dont le plus large côté est
tangent à nos tranchées du canal. Les progrès de l'ennemi s'arrêteront là pendant
quelque temps ; sa ligne subira même, dans
les premiers jours de décembre et plus
tard, d'assez dangereuses oscillations (1),

(1) V. les communiqués. L'ennemi, qui avait tenté
à la fin de novembre de franchir le canal devant
Steenstraete, était « refoulé au delà des ponts » ; un
régiment tout entier était détruit au sud de Bixschoote.
Le 1er décembre, les *Principaux faits de guerre*
signalaient qu'à Bixschoote et à Merckem notre artille-

maïs il n'en sera pas démonté et ne renon-
cera pas. Avec cet entêtement farouche,
cette préoccupation exclusive du but à atteindre, qui ne tient compte ni de la difficulté de l'entreprise, ni de l'effroyable con-
sommation de « matériel humain » (*mun-
chen matérial*) qu'exige son exécution, il
reprendra la poussée et cherchera, sur un
point ou sur un autre, à crever notre couverture. Un moment même il y réussira.
Mais ce succès passager qui, avec un peu
plus d'audace chez l'adversaire, plus de
« cran », comme disent nos hommes, aurait
pu entrainer la chute d'Ypres et la dislocation du front allié, il ne l'obtiendra que

rie lourde avait gravement endommagé trois batteries
allemandes ; le 2 décembre elle avait démoli, toujours dans cette région de Bixschoote, les passerelles
de l'ennemi et ses approvisionnements ; le même jour,
suivant le communiqué, l'infanterie allemande avait
« essayé sans succès de sortir de ses tranchées au
sud de Bixschoote ».

le 22 avril 1915, avec des moyens d'attaque inédits ou tout au moins singulièrement perfectionnés (1) et en recourant à des méthodes de guerre que condamne le droit des gens : surpris par des nappes mouvantes de gaz asphyxiants, les territoriaux qui gardent la ligne Langemarck-Hetsas s'affaisseront au fond de leurs tranchées. C'est la voie ouverte à l'ennemi jusqu'à Poperinghe, et il s'arrête sur le Kemmelbecke! Le lendemain le vent aura changé; nos troupes se seront ressaisies; des masques leur permettront de braver les miasmes des empoisonneurs. Le gain allemand sera médiocre et disproportionné à l'ampleur des moyens employés : nous perdrons les têtes de ponts que nous occupions sur la rive droite du canal de l'Yser, mais l'ennemi, rejeté derrière le canal, dans la boucle de

____

(1) V. plus loin le passage de la lettre du commandant Geynet sur les « pâtes asphyxiantes ».

Poesele, y sera solidement contenu jusqu'au 31 juillet 1917, où le général Anthoine lui soufflera en un tournemain toute son avance de trente-trois mois.

Pour le moment il ne songe pas à déboucher de Bixschoote. Son offensive est brisée ou ralentie, et c'est nous qui le « manœuvrons », depuis le commencement de décembre, sur la partie du front belge qui va de l'Yser à la Lys. Le communiqué du 5 signale les progrès « sensibles » que nous avons réalisés au nord de ce dernier cours d'eau : « Notre infanterie, attaquant au point du jour, a enlevé d'un seul bond deux lignes de tranchées, le gain a été de 500 mètres. Partie du hameau de Weindreft (un kilomètre nord-ouest de Langemarck) est restée entre nos mains. » Dans le secteur même de Steenstraete, « en avant de Poesele », sur la rive gauche du canal, nous travaillons à chasser l'en-

nemi de l'étroit couloir de marécages où il
a pris pied le 10 novembre. L'opération,
déclenchée à l'étouffée dans la nuit du 4,
et montée par deux sections de 100 hommes des bataillons d'Afrique qui se sont
jetées sur la Maison du Passeur (1), semble
en bonne voie d'exécution. Dans la brigade,
on croit qu'elle est le prélude d'une offensive générale du front anglo-français, « pour
le succès de laquelle l'état-major n'a pas
cru devoir faire appel à des troupes plus
solides que les fusiliers marins ». Et peut-
être, en effet, malgré l'absence presque
complète d'artillerie lourde, ces troupes
eussent-elles tenu toutes leurs promesses, si
elles avaient pu se reconstituer au préa-

(1) Il sera question fréquemment, dans les opérations des Flandres, de « maisons du passeur ». Celle
dont il est question ici et qui acquit une tragique cé-
lébrité était située entre Driegrachten et Poescle,
presque au confluent de la rivière Saint-Jean et du
canal de l'Yser.

lable, si les positions ennemies leur avaient été moins sommairement décrites, si la liaison des armes, enfin, au cours des attaques qui vont suivre, avait été mieux assurée.

LE NOUVEAU FRONT DE LA BRIGADE

Tant à Loo qu'à Dixmude, la Flandre nous avait déjà présenté d'assez coquets échantillons de ses tempêtes. Celle qui se déchaina dans la nuit du 5 fut particulièrement violente : pluie et vent mêlés, un cyclone « à déraciner les arbres », disent les carnets. L'heure matinale à laquelle on avait réveillé les hommes (une heure) donnait à supposer qu'on les mettrait en marche avant le jour ; mais, par suite de la dispersion des contingents ou pour toute autre cause, la plupart des unités ne s'ébranlèrent qu'à neuf heures du matin. S'il faisait clair, il ventait plus fort que jamais ; la bourrasque secouait frénétiquement sur la plaine ses ailes ruisselantes d'une eau jaune ; les peupliers craquaient et les hommes courbaient le dos sous l'averse. On ne connaissait pas la destination de la brigade ; on savait seulement qu'on marchait dans la direction du sud et que l'itinéraire, après Pollinchove, passait par Linde, Elsendamme, Oostvleteren et Woesten, petits villages jalonnant la grande route de Furnes à Ypres. Nous envoyait-on en soutien des Anglais ? Certains le pensaient et n'en étaient pas autrement fâchés (1). Mais, à Woesten (2), la brigade fit demi-tour et quitta la grande route : peu après, les hommes s'égaillaient, par une résille de pistes boueuses, vers les cantonnements qui leur avaient été affectés dans les fermes de Bosch-Hoek.

(1) « Nous espérons qu'on va nous confier Ypres. » (Lettre du commandant Geynet.)

(2) « Quelque cent mètres au-dessus d'un cabaret à l'enseigne du *Lion belge*. » (Carnet du docteur L. G..)

Ni le nom, ni la chose n'étaient bien ragoûtants. Les fermes regorgeaient de soldats. D'où quelque encombrement, mais tout passager, puisque ces troupes appartenaient aux deux régiments d'infanterie que nous allions relever. Il est deux heures de l'après-midi et les estomacs crient famine; aussi les « bouteillons » ne font-ils qu'un saut des sacs sur le feu. Les instructions du général Duchêne, qui a remplacé Grossetti à la tête de la 42ᵉ division, portent que la brigade relèvera dans la nuit, « sur le front du canal de l'Yser, depuis la Maison du Passeur excluc jusqu'à un point situé à 800 mètres environ au nord du pont de Steenstracte », les unités de la division qui doivent elles-mêmes en relever d'autres de la VIIIᵉ armée. Ces unités sont le 151ᵉ, le 162ᵉ régiments d'infanterie et le 16ᵉ bataillon de chasseurs. La note de service ajoute qu' « une passerelle a été jetée sur le canal de l'Yser, à peu près au milieu de ce front, et une petite tête de passerelle organisée en avant sur la rive droite ». Mais la brigade n'est plus une brigade que de nom : les prélèvements qu'elle a subis l'ont réduite à un régiment, auquel on demande en somme de faire la besogne de deux régiments et d'un bataillon. Comme dit le commandant Geynet, « c'est chic, mais c'est dur ».

Trop dur peut-être. L'organisation du front exigeant un minimum de dix compagnies, sur douze qui nous restent, le service des relèves sera presque impossible ou tout au moins terriblement espacé. On dit bien que l'amiral Ronarc'h a réclamé d'urgence les bataillons Mauros et Conti, détachés devant Dixmude. Et le fait est qu'ils arriveront les jours suivants ; mais, comme on en profitera pour étendre notre front, nous n'en serons pas beaucoup soulagés. Parant au plus pressé, l'amiral répartit ses unités en deux secteurs coupés par une ligne fictive est-ouest : le secteur Nord, sous les ordres du commandant de Kerros (quartier à Pypegaale) ; le secteur Sud, sous les ordres du commandant Geynet (quartier au moulin de Lizerne) ; les deux secteurs sous le commandement supérieur du « colonel » Delage (quartier dans une ferme entre Pypegaale et Bosch-Hoek).

A peine si les hommes ont eu le temps de se sécher au cantonnement : dès la nuit tombée, sac au dos ! Et c'est l'éternel cheminement, si souvent décrit par les carnets, dans les ténèbres fouettées de pluie, sur une glèbe moite et gluante, dont le suintement a fini par effacer tous les repères. Du moins n'y a-t-il pas à craindre que l'ennemi, occupé par ailleurs avec les « Joyeux » qui lui donnent suffisamment de fil à retordre, prête attention au mouvement qui s'exécute et qui, commencé à cinq heures, n'était pas encore terminé à minuit. Des éclaireurs précédaient la colonne, armés de longues perches dont ils tâtaient le terrain, comme ces guides qui, dans les sables du Mont-Saint-Michel, pilotent les caravanes à travers le dédale des lizes. Sondages nécessaires, mais fastidieux par leur répétition : à tout bout de champ, la colonne devait s'arrêter devant une rivière ou un *watergang* dont on ne retrouvait plus le ponceau ; le Kemmelbeck, l'Yperlée avaient débordé dans les champs. Quelques hommes firent le plongeon ; la plupart arrivèrent à destination francs d'avaries. Les tranchées où ils pénétraient n'étaient pas beaucoup plus étanches que les prairies d'où ils sortaient. Mais ils ne songeaient pas encore à s'en plaindre. Ils en plaisantaient même : « Je vous écris d'une tranchée « modèle » établie par le génie, mande l'un d'eux, Maurice Faivre. Il me pleut dans le cou, et il y a 20 centimètres de boue pour y accéder ; mais enfin c'est une tranchée *modèle*... Les Boches sont devant nous et nous ne pouvons sortir sans entendre le miaulement de leurs balles. Nous leur répondons d'ailleurs aimablement... »

Voilà le ton général des correspondances : on grelotte, mais on « rigole » ; on est tout à la joie d'être derechef au feu. « Nous avons notre tranchée à 100 mètres de celle des Boches, écrit dès le 6 le commandant Geynet. C'est passionnant... Cette position est dure, mais c'est un honneur de l'avoir, car nous y avons remplacé les chasseurs alpins et nous en sommes bien fiers. » Ailleurs il précise que la brigade remplace « un régiment de Verdun (1) qui n'a jamais reculé. — Nous l'imiterons. »

(1) Ce régiment appartenait à la 42ᵉ division, qui s'était illustrée déjà avec Grossetti à la Marne (voir

Généreuse émulation où l'on peut voir le secret de bien des héroïsmes ! L'esprit de corps a ses inconvénients et ses dangers, mais il développe chez les hommes un amour-propre d'autant plus fort que l'unité à laquelle ils appartiennent présente des caractéristiques plus tranchées : les armes qui se feront le plus remarquer au cours de

notre livre : *les Marais de Saint-Gond)* et sur le bas Yser. Contrairement à ce qu'on dit cependant, ce n'est pas la 42ᵉ division qui a repris Ramscapelle (comme nous l'écrit le commandant Barbaroux, qui faisait partie de cette division fameuse en qualité de chef de bataillon au 94ᵉ régiment d'infanterie et qui était lui-même à Pervyse avec ce régiment, le 8ᵉ bataillon de chasseurs et deux compagnies de marins, « la 42ᵉ division a fait assez de bonne besogne sans revendiquer ce qui ne lui appartient pas ») et l'honneur de l'opération revient exclusivement aux zouaves du 8ᵉ tirailleurs envoyés en renfort à Grossetti. Nous pouvons même ajouter que l'officier qui entra à leur tête dans Ramscapelle, le 30 octobre, à six heures du matin, avec la 14ᵉ compagnie, était le lieutenant H.-S.-L. Gendre, promu capitaine et tué peu après (12 décembre 1914) au sud d'Ypres.

cette guerre, alpins, chasseurs, zouaves, coloniaux, etc., sont aussi celles qui, par leurs éléments, leurs traditions, leur tenue, leur vocabulaire, toute leur façon d'être, forment comme des clans à part au milieu de la grande famille militaire. Aucune de ces armes n'entend qu'on la confonde avec une autre ; les chasseurs protestent quand on veut changer la couleur bleu sombre de leur équipement. Et, jusque dans la ligne, les mitrailleurs sont en train de constituer une aristocratie. Plus personnelle, plus fermée encore, la brigade, aux raisons de même ordre tirées de son régime spécial et d'un système de recrutement qui remonte à Colbert, ajoute le prestige de son origine : elle vient de la mer ; elle sert à terre par accident, comme ces sirènes des vieux contes capturées par des pêcheurs et qui gardaient dans leur vie terrestre un ressouvenir de leur existence marine. Il n'est pas

certain qu'au début elle n'ait pas cru un
peu déchoir dans son coude à coude avec
les fantassins. Mais ses préventions se sont
vite dissipées au contact de ces belles
troupes. Et, de son particularisme primitif,
elle n'a gardé que le sentiment d'une sorte
de supériorité naturelle inhérente à la condition de l'homme de mer, qui, en l'établis-
sant au-dessus des « terriens », l'oblige à
ne leur céder en aucune circonstance, fût-
ce dans un domaine et avec des moyens
d'action qui ne sont pas les siens.

VII

DANS LE CLOAQUE

Pour le moment d'ailleurs, au moins dans la partie que les fusiliers ont à défendre, le front somnole. A notre aile gauche seulement, l'artillerie s'est réveillée ; une fusillade nourrie claque dans l'ombre, mêlée de clameurs et de râles, et des éclats de la tornade viennent jusqu'à nous : c'est le détachement des « Joyeux » qui, la Maison du Passeur enlevée, pousse son attaque sur les tranchées voisines. Rude opération, menée avec un entrain endiablé par ces hommes qui avaient tant à racheter, dont l'uniforme noir semblait porter le deuil de leur honneur et qui le teignirent ce jour-là dans la pourpre du sang bavarois.

Au matin, quand la brume se dissipa, le pâle soleil de l'hiver éclaira près de nous des rangées de cadavres ennemis; les Allemands ne tenaient plus que dans quelques boyaux où ils opposaient d'ailleurs une énergique résistance. La lutte devait continuer toute la journée et s'étendre rapidement jusqu'au confluent du canal et de l'Yser par l'entrée en scène de la 38ᵉ division d'infanterie, désireuse de mettre à profit ce succès local pour achever le nettoyage de la rive gauche. La brigade ne participait point à l'opération, qui n'embrassait que la partie du front comprise entre le fort de Knocke et l'extrémité du secteur commandé par le capitaine de frégate Geynet. Avec sa fougue ordinaire, dès qu'il avait eu vent de l'extension du mouvement, Geynet, dit l'enseigne Poisson, avait « bondi jusqu'à la première ligne pour être avec ses hommes au moment de l'attaque » . Mais, bien qu'il servît « de renfort à l'endroit le plus exposé » , il n'eut pas l'occasion d'intervenir, l'attaque n'ayant pu déboucher.

Quelque fièvre est permise à des non-combattants qui assistent d'un secteur voisin au déclenchement d'une offensive. Combien cette impatience est plus forte chez des hommes arrivés en pleine nuit sur des positions inconnues et qui, sept heures durant, ont guetté une blancheur dans l'étroite bande de ténèbres formant tout leur ciel! Il ne pleuvait plus, en outre, et les têtes au moins avaient cessé de ruisseler, si les pieds trempaient toujours dans la boue. Et, comme pour solliciter davantage la curiosité de ces grands enfants, l'air s'était peuplé d'oiseaux prestigieux : « deux ballons, un français et un prussien, et sept aéroplanes. » (Commandant Geynet.) Le front de la brigade n'avait pas encore grande étendue, mais il était fort capricieux : une partie de nos tranchées étaient disposées en crochet défensif face à la Maison du Passeur, les autres s'allongeaient perpendiculairement aux premières, face à Poesele. Mais, de quelque côté qu'on le prît, le paysage restait le même, et les naïfs fusiliers, qui avaient rêvé pour cette seconde étape de leur existence militaire un horizon moins monotone que celui dont ils fatiguaient leurs yeux depuis le début de la campagne, durent éprouver une assez vive déception en se portant aux créneaux. La région du canal de l'Yser n'est pas sensiblement différente de la région dixmudoise : c'est toujours, parmi ses écharpes de brouillards marins, l'immense et basse plaine flamande décrite dans les communiqués, le même damier interminable de prairies, de betteravières et d'emblavures, quadrillé de petites haies et de « blancs d'eau » qui

LE CANAL DE L'YSER

gênent les vues de l'artillerie, la même tangue grasse et grisâtre tassée entre les mêmes routes droites et surplombantes, les mêmes clochers élancés ou trapus au bout des mêmes colonnades de peupliers crispant leurs arceaux au vent du large. Nulle part on ne sent mieux le caractère ambigu de cette Flandre sensuelle et mystique, plate et illimitée, disputée entre la terre et la mer, comme entre la matière et l'esprit. A peine si, au sud de Steenstraete, vers Hetsas, la sombre épaisseur d'un fourré rompait la monotonie du paysage : c'était le fameux bois triangulaire, tant de fois pris et perdu, où les obus avaient ouvert des trouées par lesquelles, dans les temps clairs, on apercevait, comme des minarets, les tours effilées du beffroi d'Ypres.

L'ennemi concentrant tout l'effort de son artillerie sur la partie du front menacée et se contentant de nous envoyer de

temps à autre quelques volées de 77, nos
« Jean Gouin », déjà si peu défiants de
leur nature, en profitaient pour se livrer à
toutes sortes de manèges imprudents. Malgré ses avertissements, le lieutenant de
vaisseau de Malherbe eut ainsi deux hommes tués coup sur coup dans sa tranchée :
il leur avait suffi de lever la tête. « Les
Allemands tirent probablement avec fusil
sur chevalet », dit de Malherbe, observation
confirmée par le commandant Geynet :
« Les hommes sont surtout dégringolés par
des officiers qui, abrités dans des fermes,
tirent sur chevalet ayant des points de
repère. » Au total et en grande partie du
fait de ces imprudences, la journée du 6 décembre nous coûta 5 tués et 14 blessés,
dont l'enseigne de Cornulier-Lucinière,
qu'un éclat d'obus vint frapper au poumon
gauche, près de la Maison du Passeur,
comme il dirigeait les travaux d'améliora-

tion de sa tranchée. Sur ce côté seulement du secteur, l'action de l'artillerie ennemie était assez forte, en raison de l'attaque prononcée par les Joyeux. A cinq heures du soir, on apprenait que les derniers boyaux qui flanquaient la Maison du Passeur avaient cessé leurs convulsions. La maison nous restait,

CENSURÉ

Mais les pertes des Joyeux étaient lourdes, puisque la moitié du détachement et son chef, le lieutenant P..., atteint à l'œil par l'explosion du magasin de son fusil, demeuraient sur le carreau.

Ce n'était là d'ailleurs qu'un succès tout partiel, comme ceux que nous avions remportés, les jours précédents, au nord de la Lys et à Weindreft. Mais l'ennemi semblait avoir accusé le coup. D'un bout à l'autre du front de Belgique, son activité se ralentissait (1) et, comme notre imagination prend facilement le galop, nous le voyions déjà tout démoralisé et prêt à faire ses paquets. Les clichés photographiques de

(1) « L'ennemi n'est pas très mordant... Les Prussiens sont assez abattus. » (Commandant Geynet. Lettre du 12 décembre.) Plus loin, il dit qu'ils « tirent avec des obus d'exercice, » ce qui semble prouver qu'ils manquent de munitions. Et le 16 : « L'ennemi est de moins en moins audacieux. Mon impression est qu'il est en grande partie retiré, etc. »

nos aviateurs ne laissaient pas soupçonner
la formidable organisation des tranchées de
deuxième ligne qu'il occupait devant Poesele
et Bixschoote, à 4 ou 500 mètres du canal.
Nous ne nous étions heurtés encore qu'aux
tranchées de sa première ligne, dont quel-
ques-unes, neutralisées par l'inondation,
n'avaient même plus d'occupants : leur
tracé correspondait généralement à celui
des tranchées françaises, mais la brigade
avait sur elles, depuis la prise de la Maison
du Passeur, l'avantage d'un front rectifié et
légèrement surélevé.

Encore fallait-il, avant d'aborder les
tranchées ennemies, que nous pussions
nous maintenir dans nos propres tranchées.
A peu près inhabitables déjà, les pluies des
derniers jours en avaient fait d'affreux cloa-
ques : c'est « l'égout chez soi », dit un officier. En certains endroits qui formaient
poche, l'eau montait jusqu'à la ceinture.

Ni puisard, ni canaux d'écoulement : les boyaux d'accès, creusés trop près et trop perpendiculairement, s'enfonçaient tout de suite entre deux talus de glaise humide, qui semblaient se resserrer à mesure qu'ils s'élevaient et produisaient sur des hommes habitués au plein air du large cette curieuse sensation d'étouffement connue sous le nom de « mal des tranchées » : la tête leur tournait et ils titubaient comme pris d'ébriété.

Par les soins de l'amiral, les deux compagnies au cantonnement furent occupées à tresser des fascines pour l'amélioration des boyaux d'accès et des tranchées ; mais la glaise dévorait à mesure ces planchers mobiles et il fallait continuellement les renouveler. Tout le temps que dura notre séjour à Steenstraete, les compagnies au cantonnement n'eurent pas de besogne plus urgente, avec la réfection des passerelles et des routes et l'amélioration du réseau téléphonique,

qui laissait fort à désirer jusque-là. En cas
d'alerte cependant, et malgré toute la bonne
volonté des hommes de liaison, comment
amener à temps les réserves à travers cette
zone savonneuse et justement qualifiée
d'atroce par les communiqués? Telle était
la difficulté des communications que le
ravitaillement en vivres des dix compagnies
sur le front, commencé à six heures du soir,
à Pypegaale, le 5 décembre, ne prit fin que
le 6 à quatre heures du matin. « Notre service de vivres est tout à fait lamentable,
écrivait, le 8, l'enseigne Boissat-Mazerat.
Nous touchons à peine un jour sur deux; le
reste du temps, Jean Gouin se serre la ceinture et ronchonne. » Les blessés eux-mêmes
ne pouvaient être évacués, tant à cause de
l'intensité du feu ennemi que du mauvais
état des boyaux. L'enseigne de Cornulier
dut rester ainsi douze heures dans sa tranchée, « complètement inondée », avant

qu'on pût le conduire à l'ambulance : il n'y
arriva que vers cinq heures du matin, « ses
vêtements et son pansement formant avec
la boue une masse si compacte qu'il fallut
tout couper », dit le médecin qui le soigna.
Une congestion pulmonaire trop explicable
emportait trois jours après ce discret et parfait officier, si étranger par certains côtés à
notre temps qu'on le dirait emprunté à la
légion Thébaine ou à quelque milice sacrée
du cycle arthurien : marié, de vieille souche
bretonne et militaire, il garde avec ses
hommes sa politesse de grand seigneur ; il est
peut-être le seul officier qui ne les tutoie pas,
non par hauteur, mais, au contraire, par
déférence. Son verbe châtié, sa voix douce,
sa piété exemplaire, le chapelet qu'il égrène
au cantonnement, son bon sourire dans l'action, lui composent une physionomie à part
dans cette brigade qui contient tous les spé-
cimens de marins connus, du vieux fréga-

ton à fauberts, paternel et brusque, à l'aspirant glabre et flegmatique de style anglais,
et du patricien raffiné, héritier des traditions du grand corps, à l'officier bleu sorti
du rang, strict, austère et républicain.

Si la Maison du Passeur était à nous,
l'ennemi cependant gardait pied sur la rive
gauche du canal (1). Malgré tout, sa situation restait précaire. Mais nous n'étions pas
nous-mêmes en meilleure posture de l'autre
côté de l'eau, tant devant Poesele, où la
brigade n'occupait sur la rive droite qu'une
petite tête de passerelle médiocrement
organisée, que devant Bixschoote, où les
lignes de la 42ᵉ division, sur une longueur
de 500 mètres environ, débordaient à peine
la berge et les maisons de Steenstraete.

(1) Le communiqué du 12 dit à tort : « L'ennemi
a achevé d'évacuer la rive ouest du canal de l'Yser
au nord de la Maison du Passeur : nous occupons
cette rive. »

Il fallait de toute nécessité élargir notre assiette et nous nous y préparions par des reconnaissances et des patrouilles nocturnes, tantôt conduites par des gradés, tantôt par des officiers, comme l'enseigne Bonnet, qui était, depuis Dixmude, un familier de ce genre d'opérations (1). Le 7 décembre, l'enseigne Viaud poussait à son tour une reconnaissance jusqu'à la première tranchée allemande, n'y remarquait pas de fils de fer et la jugeait assez faiblement garnie (2). C'était d'ailleurs l'impression générale rapportée par les différentes patrouilles.

(1) « Officier très courageux, toujours prêt aux missions périlleuses. Revenu au front après une blessure, a fait, de jour, de nuit, à Dixmude comme à Steenstraete, des reconnaissances poussées jusqu'aux avant-postes ennemis. » (Texte du motif de la proposition pour la croix de la Légion d'honneur, présentée le 15 décembre 1914 par le commandant Delage.)

(2) Carnet du capitaine de M...

Cependant l'unité de direction, essentielle dans toute organisation offensive, n'était pas encore assurée dans le secteur que nous occupions et dont une partie demeurait à la charge de l'infanterie. Les choses changèrent aussitôt que nous eûmes reçu nos renforts : le 3ᵉ bataillon du 2ᵉ régiment (commandant Mauros), qui arriva de Dixmude à Bosch-Hoek le 7 décembre à sept heures du soir, suivi d'assez près par le bataillon Conti (2ᵉ du 2ᵉ régiment), qui avait passé la nuit à Lampernisse et qui arriva le lendemain à une heure. En conséquence, le général Duchesne estima que nous pouvions étendre notre front jusqu'aux maisons nord-ouest de Steenstraete, ces maisons exclues ; la 1ʳᵉ compagnie, placée en deuxième ligne, et une section de mitrailleuses furent désignées pour opérer au brun de nuit la relève des unités.

Ces dispositions étaient à peine prises que

l'amiral (8 décembre) reçut avis du grand
état-major d'une nouvelle répartition des
troupes de la VIII° armée : tous les éléments
du 32° corps (38° et 42° divisions d'infanterie) allaient être ramenés au sud d'Ypres
et remplacés par un groupement composé
de la brigade navale, des 87° et 89° divisions
territoriales et de la 7° division de cavalerie.
Ces troupes, comme les précédentes, devaient tenir la ligne du canal entre le pont
de Knocke, terminus de l'armée belge, et
la passerelle, jetée à 400 mètres environ
au sud du pont de Steenstraete, où elles vien-
draient se souder à la gauche du 20° corps.

C'est au général Hély d'Oissel, précédemment chargé d'un détachement de corps
et qui s'était révélé sous Mitry, dans le *raid*
sur Roulers, un manœuvrier de grand style,
qu'avait été confié le commandement de
la nouvelle formation. La brigade, dans ce
groupement, n'occupait plus le centre, mais

la droite : il lui fallait donc étendre encore son front et le pousser jusqu'à la passerelle sud. Par contre, au nord, le front de défense qui lui incombait cessait de jouxter la Maison du Passeur et n'allait plus que jusqu'à la passerelle nord de Steenstraete, cette passerelle incluse. La tête de pont de Steenstraete sur la rive droite, par où débouche la route de Dixmude à Ypres, se trouvait ainsi dans la part de la brigade et à peu près au milieu de son front. Celui-ci n'était pas continu comme devant Poesele, où nous cédions la place à la 89ᵉ division territoriale : notre ligne formait un coude au pont de Steenstraete pour passer sur la rive droite et, sur cette rive même, à moins d'un demi-kilomètre, elle dessinait un rentrant très marqué avec la ligne du 20ᵉ corps. En outre le terrain se bosselait quelque peu vers Bixschoote et, savamment étagé sur sa pente, « à trois ou quatre cents mètres

du canal (1) », dont la digue seule sur-
plombait, l'ennemi, de cette position, tenait
directement sous son feu les abords de nos
tranchées.

La nouvelle répartition des unités devait
avoir lieu les 9 et 10 décembre. Bien
qu'encore incomplète, la brigade disposait
maintenant de cinq bataillons, groupés
deux et demi sur le front, deux et demi au
cantonnement; l'amiral avait toujours son
quartier général aux issues de Woesten.
Mais le délabrement des tranchées, les
pluies perpétuelles, le froid, commençaient

(1) « Les Boches, de l'autre côté du canal, nous
dominent un peu. Leurs tranchées en effet, ne sont
pas ici, comme à Dixmude, au bord de l'eau, mais à
trois ou quatre cents mètres en arrière, sur la pente
douce qui descend jusqu'au canal, avec seulement
quelques postes d'écoute en avant. Aussi voient-ils ce
qui se passe derrière notre tranchée, et depuis trois
jours j'ai déjà eu trois hommes blessés ainsi. » (Enseigne D..., *Impressions de guerre.*)

à produire leurs effets sur les hommes, dont beaucoup étaient épuisés par leurs luttes antérieures. Les pieds gelés affluaient aux ambulances : ils étaient « typiques, énormes ». Le docteur Taburet, le 9 décembre, compte jusqu'à 40 malades dans une compagnie de 150 hommes. «Malades, dit-il, n'est pas le mot, mais endoloris. » Encore s'étonne-t-il qu'après trois jours d'immersion dans une boue glacée, « quelquefois jusqu'au ventre », il n'y ait pas parmi eux plus d'affections de poitrine. La terre des Flandres semblait s'être liquéfiée : ces moërcs, ces polders, péniblement gagnés sur l'eau, retournaient à leur état primitif; la vase remontait des profondeurs. Un marin de Concarneau, qui avait remplacé ses souliers par des socques, ne parvenait à se désengluer qu'en les abandonnant (1);

(1) Raconté par le fusilier marin Le Merrer.

des hommes, tombés au cours des relèves
ou de missions isolées, disparaissaient
en quelques minutes, bus, pompés par
cette terre flasque qui n'était plus qu'une
énorme ventouse (1). « Nous nous y trans-
formerons certainement en grenouilles,
écrit le quatrième jour l'enseigne Boissat-Mazerat, car nous y vivons dans l'eau
à mi-mollet. Ayant fait quelques reconnaissances, je suis uniformément recou-
vert d'une couche de 2 centimètres de
boue. Il pleut, les malades sont nombreux,

(1)

CENSURÉ

la sélection se fait : je crois que nos compagnies fondront d'un bon tiers... » — « L'action est peu intense, écrit-il encore le 11, et nous n'avons chaque jour qu'un petit nombre de tués et de blessés. Malheureusement, il y a déjà beaucoup de malades. Les compagnies fondent, dissoutes par la bronchite et la dysenterie... » Les officiers ne sont pas plus épargnés que les hommes : le colonel Delage, le commandant Geynet, les capitaines Pinguet et de Malherbe, l'enseigne Poisson, même des médecins, le docteur Le Marc'hadour, le docteur Le Floch, sont atteints de gastro-entérite; le capitaine Benoît « tousse » ; l'officier des équipages Bonhomet doit être évacué pour faiblesse générale (1).

(1) « Mon petit Benoît tousse..., une toux mauvaise. Je lui ai mis de la ouate iodée. J'en ai un autre [officier] très chic, de Malherbe : je lui ai donné une boîte de Bengué, quand nous sommes revenus du

L'amiral voyait ainsi se réaliser ses craintes, et les événements montraient de plus en plus comme un repos de trois semaines ou d'un mois, loin du front, eût été nécessaire pour reconstituer la brigade. L'imminence du danger ne le permettait pas. Tout avait dû être improvisé par Foch dans cette longue « course à la mer » où il lui fallait gagner de vitesse les troupes allemandes qui opéraient le même mouvement d'extension et remontaient au galop vers le nord pour s'ouvrir une route sur Calais par Arras, Ypres, Dixmude ou Nieuport. Nulle part, grâce aux habiles dispositions du commandement, ces tentatives de percées ne réussissaient ou elles n'aboutissaient qu'à

front pour le repos. Il n'avait plus de pantalon... » — « Hier, j'étais très dérangé : une catastrophe bête m'arrive la nuit..., mais je suis paré ; me voici au cantonnement. Le docteur Le Marc'hadour est aussi malade de cette diarrhée-entérite. » (Lettres du commandant Geynet des 12 et 13 décembre 1914.)

TRANCHÉE FRANÇAISE SUR LE CANAL DE L'YSER

RUINES DE STEENSTRAETE

des gains dérisoires ; mais Foch n'avait pas trop de toutes nos poitrines pour les repousser.

La prise de possession du nouveau front des fusiliers s'était effectuée à neuf heures du soir. La 42ᵉ division d'infanterie avait encore sur place ses éléments de première ligne et les quatre batteries (1) défilées à Pypegaale et autour de Zuydschoote ; le 3ᵉ bataillon du 2ᵉ régiment (commandant Mauros) releva ces éléments dans la nuit du lendemain, et le chef d'escadron Leguineau, commandant l'artillerie de la 89ᵉ division territoriale, releva les batteries le jour suivant (2). De son côté, l'amiral installa

(1) Trois de 75, une de 90.

(2) Un groupe de 90 fut défilé à l'ouest de Pypegaale, une batterie de 90 au sud du moulin *dito*, deux batteries de 90 au sud du moulin de Zuydschoote. À ces éléments s'ajoutait la présence d'une batterie lourde de 120, placée à l'est de In den Cockuit-Kabaret.

son état-major à Nouvelle-Campagne (1) et
son quartier général à Oostvleteren, avec
les ambulances de la brigade. Mais tout cela
ne se fit point sans à-coups. Les éléments de
la 42e division avaient emporté avec eux leur
matériel de campagne, leurs levés de terrain et jusqu'au téléphone. Une nuit d'encre,
sabrée de rafales et d'averses. Perdues dans
les ténèbres, « sans cartes, sans topos »,
nos compagnies, incapables de trouver
leurs boyaux, demandaient à « rallier, pour
la nuit, la rive gauche de l'Yser protec-
teur ». Les ordres étaient formels : « Occuper tout le terrain de la rive droite en
avant de Steenstraete. » Et le commandant
avait répondu à ses capitaines : « Exécutez
les ordres. » Lui-même n'était pas sans

(1) Auberge sur le chemin de Wœsten à Zuydschoote, à 1 000 mètres au nord-est de la première
de ces localités, où était installé précédemment l'état-
major de la 42e division.

appréhension cependant. Il se comparait à un marin qui vient de prendre le quart et dont le prédécesseur a emporté le compas dans sa chambre. Puis, petit à petit, les choses s'arrangeaient : un à un les agents de liaison arrivaient et prévenaient « que les relèves avaient trouvé des amorces de tranchées, qu'on travaillait et que tout serait fait pour le mieux. » Mais comment obtenir le concours de l'artillerie en cas d'attaque inopinée? Et qu'elle parut longue à tous, cette nuit de relève, que « ses rafales, sa noirceur, l'inconnu qu'elle recélait et le sentiment de notre impuissance rendaient encore plus angoissante (1)! » L'ennemi, par bonheur, ne soupçonnait pas notre désarroi. Il ne bougea de la nuit et, les jours qui suivirent, il se montra d'aussi bonne composition. A peine s'il troublait par quelques

(1) Carnet de campagne du lieutenant de vaisseau D...

volées de shrapnells l'installation du réseau téléphonique ou les travaux de réfection que faisait entreprendre l'amiral sur la route de Zuydschoote à Steenstraete, qui n'était plus qu'un chapelet de lacs fangeux. Il s'y trouvait « tout juste une petite chaussée de pierre pour piétons, large de deux mains, en dehors de laquelle on s'embourbait (1) ». Or cette route était empruntée toutes les nuits par les corvées et les relèves. D'où les accidents les plus fâcheux. « Je n'ai pas de chance, écrit le 12 décembre le commandant Geynet, je suis encore tombé à l'eau. » Sur la demande de l'amiral, une section du génie avait été mise à sa disposition pour coopérer avec les marins à ces différentes améliorations. En même temps, l'amiral faisait remettre de l'ordre dans les unités. Le 1ᵉʳ et le 2ᵉ bataillon du 1ᵉʳ régiment, aux

(1) Enseigne D.., *Impressions de guerre.*

tranchées depuis le 5, n'avaient pu être relevés que le 10 au soir et sous une fusillade
assez vive : ils étaient littéralement épuisés ;
ils n'avaient même plus la force de nettoyer
leurs fusils, « remplis de vase » et qu'un
chef de bataillon déclarait « provisoirement
inutilisables ». Des hommes pleuraient de
misère (1). Du moins, au cantonnement,
quelques douceurs les attendaient : tout un
assortiment de lainages, tricots, mitaines,
cache-nez, chaussettes, dons de l'Ouvroir
Déroulède, de l'*Écho de Paris,* de l'*Intran-
sigeant,* qui n'arrivèrent jamais si à propos. En outre, les cantonnements étaient
munis de braseros. Nouveauté appréciable.
« Il ne nous manque plus que des lits et des
gentilles soubrettes », écrivait en plaisan-
tant le commandant Geynet (2).

. (1) « J'en ai vu près de moi pleurer de froid et de
fatigue. » (Journal du fusilier Maurice Oury.)

(2) La même impression se retrouve dans une jolie

lettre de Maurice Faivre du 13 décembre : « 2 kilomètres de la ligne. — Une salle de ferme, du feu
dans la cheminée... Des obus autour de nous, mais
heureusement à l'abri de la pluie ! Enfin, nous avons
été relevés, pas pour longtemps, malheureusement.
Le froid devient épouvantable, parce qu'il ne gèle
que la nuit, et la boue est effrayante. Le capitaine Bonelli, un type épatant, le lieutenant, le principal et
moi, menons une vie de famille, et le soir, dans le
manteau de la cheminée, le lieutenant nous raconte
tant de bêtises et si drôlement qu'il remonte le moral,
en nous donnant de ces bons fous rires qui vous font
mal. »

VIII

Pour soulager un peu ses hommes, l'amiral avait demandé que la relève du bataillon de Kerros fût exceptionnellement faite par un bataillon de la 178ᵉ brigade territoriale : il n'était pas nécessaire d'avoir là des troupes d'assaut, en raison du calme de la ligne (1). Le « colonel » Paillet avait remplacé, dans la journée du 11, le colonel Delage au poste de commandement de la défense, qui fut rapproché du canal. Sitôt

(1) « Toutes les nuits on se fusille de part et d'autre. Heureusement, ils ont peu d'artillerie devant nous, ce qui paraît bien calme après Dixmude, où je crois que nous avons supporté le maximum d'un bombardement. » (Maurice Faivre. Lettre du 13 décembre.)

les batteries installées, plus une batterie à cheval de 75 de la 7ᵉ division de cavalerie, nouvellement mise à la disposition de l'amiral (1), celui-ci fit procéder à des tirs de réglage par toute l'artillerie, tirs qui se poursuivirent pendant les journées du 12 et du 13 décembre. Précaution utile, nos armées devant prendre le lendemain l'offensive sur tout le front, et le groupement Hély d'Oissel, ainsi que le 20ᵉ corps, ayant reçu pour instruction « d'aider l'offensive par une défensive active », destinée à retenir devant eux les forces de l'ennemi. En conséquence, l'amiral prescrivit pour la journée du 14 : 1° aux unités de première ligne d'exercer une surveillance très sévère et d'envoyer des patrouilles jusqu'aux tranchées allemandes ; 2° aux 2ᵉ et 3ᵉ compagnies du 1ᵉʳ régiment de se porter avant le

(1) Elle avait été défilée un peu au sud du 1ᵉʳ groupe de 90.

jour à la réserve du secteur où se trouvaient déjà les 1re et 4e compagnies du 1er régiment ; 3° aux deux bataillons restant au cantonnement de se tenir prêts à toute éventualité ; 4° à l'artillerie de canonner fréquemment les tranchées ennemies, les routes et les points particuliers en arrière de ces tranchées.

Ces divers ordres furent exécutés à la lettre, mais on n'en put vérifier les effets ce jour-là (14 décembre), car l'ouverture du feu, à sept heures du matin, ne fut suivie d'aucune attaque. L'offensive des autres groupes de la VIIIe armée, déclenchée à la même heure, ne semblait pas faire grand progrès et, de notre côté, l'ouverture du feu n'avait eu pour résultat que de réveiller l'activité du feu ennemi. Nous n'en fûmes pas trop incommodés, semble-t-il. L'amiral, à la fin de la journée, fit relever les unités du front : les bataillons Bertrand et de Kerros prirent la place des bataillons Mauros et Geynet; le colonel Delage remplaça au commandement de la défense le colonel Paillet. Mais les instructions de l'amiral en ce qui concernait la surveillance du front ennemi ne changèrent pas et se firent même plus pressantes : nous devions multiplier les patrouilles et les reconnaissances nocturnes. L'élément de tranchée avancée que nous occupions de l'autre côté du canal nous rendait la chose relativement facile; nous étions là aux premières loges pour observer l'ennemi : « On est noctambule tout comme des fêtards, écrivait le 9 décembre le commandant Geynet. On dort le jour et on veille la nuit. » Le commandant ne tarit pas sur le courage déployé par les hommes qui tiennent cette pointe extrême de notre ligne, « les gars de la tête du pont », comme il les appelle. La tranchée est

« à moins de 100 mètres (1) » des Allemands; « la nuit, l'enseigne, avec une patrouille, circule en rampant au milieu d'eux. » Il revient « ainsi avec des renseignements sûrs, *vus*. C'est superbe. » Mais c'est aussi assez coûteux. « Chaque jour il y a de la casse à ces tranchées. Avant-hier trois tués, un blessé. » Rien n'y fait, et les hommes « demandent tous à y aller. C'est une récompense. Cela remplace le quart de vin de l'escadre... » Il insiste encore dans une lettre postérieure du 16 : les tranchées de la rive gauche ne sont certainement pas des palais; on y patauge, « mais moins que dans la petite tranchée à 100 mètres de l'ennemi. Là mes gars font douze heures avec de l'eau jusqu'aux mollets. On ne peut les relever que de nuit ou de grand matin. C'est dur, car les blessés sont forcés de res-

(1) Cent cinquante mètres, dira plus exactement le lieutenant de vaisseau Feillet.

ter debout, mais c'est une récompense que
d'être désigné pour la petite tranchée : il
faut veiller ; ils sont seize et j'ai eu jusqu'à
deux blessés et trois tués par nuit à cet
endroit. Mais c'est la batterie des hommes
sans peur de Toulon ! »

C'est de cette petite tranchée des hommes
sans peur que partent généralement les
reconnaissances nocturnes. Les Allemands,
dit-on, ronflent à poings fermés dans la
tranchée voisine (1), ce qui incite le commandant Geynet, grand imaginatif, à leur
jouer un tour de sa façon. Il en a parlé à
l'amiral qui s'est mis à rire : « sans risquer
un homme », il compte, avec son système,
« flanquer beaucoup de Boches en bas. »
Mais il garde son secret pour lui. « Je vous

(1) Il semble qu'« ils ne l'occupent pas toutes les
nuits », dit-il ailleurs. Dans « une reconnaissance,
nous y avons vu beaucoup de cadavres boches ».
(Commandant Geynet, lettre du 16.)

le révélerai plus tard » , dit-il aux siens. Il est à craindre qu'ils ne le connaissent jamais.

Le 15 décembre, entre autres, une de ces reconnaissances, exécutée au petit jour, donna fort à penser. Le commandant de Kerros, sur ordre de l'amiral (1), l'avait montée avec trois volontaires : le quartier-maître Le Goff, les fusiliers Le Moalic et Le Neveu (2). La mission était délicate. La veille au soir, une reconnaissance, qui avait poussé jusqu'aux tranchées allemandes les plus rapprochées, n'y avait entendu aucun bruit. L'ennemi les avait-il évacuées? Ou nous tendait-il un piège? L'amiral avait quelque raison de se le demander.

Deux jours auparavant en effet, dans le

(1) Lettre du lieutenant de vaisseau Feillet.

(2) Ce dernier, de Sainte-Suzanne (Mayenne), et l'un des rares Manceaux, sinon le seul, que possédait la brigade.

secteur voisin (1), « 450 territoriaux »
étaient ainsi « descendus dans une tranchée
qui paraissait abandonnée » ; 32 seulement
étaient revenus, et les bruits les plus
étranges couraient sur tout le front : les uns
disaient que des mitrailleuses, dissimulées
au bout de la tranchée, s'étaient soudain
démasquées ; d'autres parlaient d'une in-
vention diabolique des Boches, une « pâte
asphyxiante » à l'absorption de laquelle
auraient succombé les assaillants. Cette
pâte, ajoutait-on, « ne produisait que des
blessures superficielles, mais très doulou-
reuses, fermeture des yeux pendant deux
heures, puis conjonctivite », et il est à
remarquer que ce sont précisément les
effets produits par les gaz asphyxiants dont
l'ennemi devait se servir pour la première
fois, officiellement, sous forme de larges

____

(1) « A **8** kilomètres des fusiliers, » précise le commandant Geynet.

émissions, à Langemarck, le 22 avril suivant, et dont il semble bien qu'il faisait déjà l'essai restreint, dès le 13 décembre, dans les tranchées de ce même secteur. L'hypothèse de mitrailleuses, parachevant l'œuvre de la « pâte », n'avait rien d'inconciliable avec l'emploi de celle-ci. De toute manière des précautions s'imposaient, d'autant plus urgentes que l'attaque générale était proche.

Un reste de nuit traînait sur les champs et favorisait la mission des trois hommes. Ils partent à la file indienne : ramper leur répugne et tout au plus acceptent-ils de se baisser un peu, tant ils sont persuadés que les tranchées allemandes de première ligne n'ont pas de garnison. « Sans trop se faufiler, raconte leur chef, le lieutenant de vaisseau Feillet, ils font un tour vers quelques maisons ruinées, ne voient rien de suspect et arrivent sur les tranchées à examiner sans qu'on les ait inquiétés. » Leur confiance redouble en « voyant la toile tendue » sur la première tranchée; ils pensent qu'elle « recouvre des cadavres » et déjà Le Moalic se penche, quand la toile s'écarte brusquement : « *Wer da?* » La tranchée est « pleine de Boches » qui dormaient et qui ne sont pas encore bien revenus de leur surprise. Le Moalic décharge son fusil dans le tas et décampe, avec ses deux camarades. Mais le jour s'était levé, la distance à parcourir était assez grande, et les Boches avaient ouvert le feu : Le Moalic tombe, puis Le Neveu. Plus agile, Le Goff avait pu sauter à temps dans notre tranchée. Le Neveu, une heure plus tard, l'y rejoignait : blessé seulement à l'épaule, il s'était couché dans les betteraves et, en rampant, avait fini par atteindre nos lignes. Mais Le Moalic restait entre les deux tranchées et plus près de l'allemande que de la nôtre.

De son poste, le commandant de Kerros l'observait à la jumelle : l'homme ne remuait plus. Il était mort sans doute, achevé par un fusant de 77 qui venait d'éclater tout près de lui. Dans l'après-midi cependant, nos guetteurs, par les créneaux de la tranchée, crurent remarquer que le corps avait bougé. Lentement, imperceptiblement, il se déplaçait dans notre direction. Le Moalic vivait-il encore ou ce déplacement n'était-il que l'effet des soubresauts de l'agonie? La nuit était venue, mais une nuit pire que le jour, avec les blancheurs crues dont l'inondaient les artificiers boches; on avait fini par perdre tout espoir : une voix faible, un souffle, appela tout à coup près de la tranchée. C'était Le Moalic. Il était une heure et demie du matin. Il avait mis tout ce temps à traverser sur le ventre, dans les intervalles des fusées, ces 140 mètres de terrain plat. Il grelottait. « Ranimé par du rhum, dit son capitaine, il nous expliqua qu'il avait fait le mort tout le jour et qu'il s'était traîné la nuit sur les mains, et ainsi il était parvenu à 50 mètres de nos tranchées et avait appelé la 5ᵉ compagnie. A grand'-peine on le fit passer sur la passerelle et porter à l'ambulance où l'on constata que sa blessure était large, mais sans gravité. »

Le capitaine se trompait : le sang perdu par Le Moalic, sa longue station à plat ventre dans les betteraves, l'indigence d'une infirmerie « où le vent pénétrait par tous les trous » et dont le « feu ne chauffait pas », déterminèrent une pneumonie qui l'emporta quelques jours plus tard. Mais il avait eu le temps de faire son rapport au « colonel » Delage, prévenu par le docteur Taburet, et c'est ce qu'il souhaitait par-dessus tout. La fièvre précipitait son verbe. Infatigable, il décrivait la tranchée allemande, ses fils d'acier, ses croisillons, ses chevaux de frise...

— Très bien, mon brave, dit le « colonel » Delage. Tu es allé, tu as su voir, tes renseignements sont précieux. Je te remercie.

— Commandant, dit Le Moalic, ce que j'ai fait, c'était pour rendre service à mes camarades et à mon pays.

— Ah! donne-moi la main que je la serre, c'est trop beau.

— Eh! s'écria le docteur Taburet, ce n'est pas assez, commandant, embrassez-le... (1).

(1) La suite de l'aventure est ainsi contée par le docteur Taburet : « Un baiser bien sonore retentit sur la joue du matelot, cependant que la barbe blanche du capitaine de vaisseau Delage caressait cette figure pâle, encore salie d'une boue glorieuse dont je n'avais pu la débarrasser complètement. Vers quinze heures, accompagné du commandant, l'amiral, averti, venait voir ses troupiers : il était un peu, lui aussi, de

Au dehors la nuit continuait à s'illumi-
ner de blancheurs soudaines : presque à
toute minute, une fusée filait de la ligne
allemande avec un sifflement doux et, par-
venue au sommet de sa courbe, ouvrait son
cône de neige et l'épanchait sur nos tranchées. L'ennemi était seul encore à possé-
der de ces pièces d'artifice qui le mettaient
à l'abri des surprises nocturnes. C'est vers
cette époque aussi qu'il commença d'employer les grenades à main et les *minenwer-
fer*. Mais nous avions de bonnes raisons
pour ne pas sortir de l'expectative : l'insuf-
fisance du ravitaillement avait sensiblement
fait diminuer dans l'après-midi la violence
de notre feu ; dans le sud même le bruit du
canon perdait de son intensité. Par contre,
au nord, pendant toute la journée du 16,

Saint-Nicolas du Pélem, comme Le Moalic. — « Je
« les propose tous les trois pour la médaille militaire, »
dit-il en sortant. »

on entendit, vers Nieuport, une forte canonnade. De ce côté, l'offensive semblait aller
bon train.

Dans notre secteur, elle n'était que provisoirement suspendue. L'amiral avait mis
à profit les quelques heures de répit qui lui
étaient accordées pour étudier une position
de repli entre le Kemmelbeke et l'Yperlée :
les 2ᵉ et 3ᵉ compagnies du 1ᵉʳ régiment en
réserve du secteur commencèrent à creuser
des tranchées sur le tracé choisi. Mais,
dans la soirée, il fallut suspendre le travail : l'ordre venait d'arriver d'attaquer en
avant de Steenstraete à la pointe du jour.
Et cette fois il ne s'agissait plus simplement
de « défensive active », mais d'une opération à grande envergure combinée entre
le groupement Hély d'Oissel et le 20ᵉ corps,
le premier en direction du carrefour ouest
de Bixschoote, le second vers le bois triangulaire et Korteker-Kabaret.

Pour monter cette attaque, le général Hély d'Oissel désignait la brigade de marins, à laquelle il envoyait en renfort la 1re compagnie cycliste et une batterie d'artillerie à cheval, qui s'établit le soir même à l'est d'In den Cockhuit; le général Balfourier, commandant le 20ᵉ corps, désignait de son côté 1 500 hommes de la 11ᵉ division d'infanterie. L'État-Major laissait aux commandements des deux troupes le soin de régler le détail des opérations.

L'amiral prit en conséquence ses dispositions : toute l'artillerie du secteur entrerait en action dès six heures du matin. A six heures quarante, après la préparation d'artillerie, le 1ᵉʳ bataillon du 1ᵉʳ régiment (commandant Geynet) sortirait de ses tranchées, appuyé par la compagnie cycliste et deux sections de mitrailleuses qui occuperaient pendant la nuit leurs emplacements de départ : deux compagnies de marins déboucheraient par la passerelle nord ; une compagnie de marins et la compagnie cycliste par le pont de Steenstraete ; une compagnie de marins par la passerelle sud. Les troupes de la défense du front soutiendraient l'attaque par leur feu. Le bataillon Conti prendrait position en soutien éventuel à l'abri des vues, derrière le Kemmelbeke. Quelle que fût la tournure des événements, la ligne de l'Yser devait rester inviolable. L'amiral, tant que durerait l'attaque, se tiendrait en permanence au poste de commandement de la défense.

IX

L'ATTAQUE DU 17

Un officier dont c'était la première affaire et qui s'y distingua, l'enseigne de vaisseau Boissat-Mazerat, jeune homme d'une bravoure froide et sans illusions, écrivait le 14 à ses parents : « Nous allons prendre l'offensive dans notre petit coin. L'artillerie prépare. C'est un joli concert. Les marmites allemandes nous passent sur la tête en bruissant, comme tout un vol de canards, mais il y en a peu. En somme nous avancerons peut-être de 4 ou 500 mètres. C'est tout à fait *exciting*. »

Le même officier se montrera plus équitable dans une lettre postérieure du 18 en disant : « Notre offensive avait pour but de faire diversion pendant qu'une autre offensive se produisait plus au sud : elle s'est fort bien passée et nous avons pris quelques tranchées et mitrailleuses, en plus de la diversion qu'on nous demandait. »

C'est de ce point de vue qu'il faut juger l'attaque du 17 pour en apprécier le mérite et les résultats. Boissat ne se trompe que sur le caractère de l'offensive prise par nos troupes, qui n'était point une offensive partielle (1). En même temps qu'au sud, devant Montchy, Souain-Massiges et Ver-

(1) Cf. Hubert DE LARMANDIE, *les Cent numéros du Petit Français*, préface de Charles Benoist.

L'ÉGLISE DE ZUYDSCHOOTE

Phot. *Express.*

dun, nous attaquions dans la région de Nieuport, d'où le grondement du canon parvenait jusqu'à nous, et il importait autant d'empêcher l'ennemi d'opérer des prélèvements de troupes pour les envoyer sur Lombaertzyde et Saint-Georges que pour les diriger sur Arras.

CENSURÉ

Toute la nuit on se prépara. Vers une heure du matin, ordre arrivait aux postes de commandement de pratiquer pour cinq heures trente des passages de 3 à 4 mètres dans les fils de fer des têtes de passerelle. A deux heures, un conseil de guerre s'était tenu chez l'amiral. A trois heures, le capitaine de frégate Geynet, chargé de monter l'attaque, sous la direction du « colonel » Paillet, convoquait à son cantonnement les chefs des unités combattantes : guidés par des plantons, ils s'y rendirent à travers champs, en se garant comme ils pouvaient des trous d'eau. Le commandant leur lut ses instructions, les leur commenta, ajoutant quelques renseignements sur la façon dont les Allemands disposent leurs tranchées, généralement en forme de triangle isocèle. La pointe du triangle, tournée vers nos lignes, ne contient que quelques hommes qui s'éclipsent aussitôt l'attaque déclenchée et se réfugient dans le côté principal du triangle. L'attaque pénètre dans la pointe évacuée. A ce moment des mitrailleuses, placées aux extrémités du côté principal, se dévoilent et prennent d'écharpe les assaillants. Conclusion : il ne faut pas attaquer en pointe, mais porter l'attaque sur les extrémités du côté principal. — « Oui, remarque *in petto* un des officiers présents à l'explication, quand on les connaît et qu'on a pu les repérer d'avance ! »

Les capitaines se séparent pour alerter leurs compagnies. Rassemblées à quatre heures sous la direction du commandant Geynet, elles traversent silencieusement Zuydschoote, lugubre dans la nuit avec ses maisons béantes, son squelette d'église et son grand moulin à vent fantomal, laissent à droite cette épave et franchissent le canal : la 1re et la 4e sur la passerelle nord ; la 2e et la 3e sur le pont, d'où elles gagnent par les

boyaux d'accès les tranchées de première
ligne. C'est de là qu'elles partiront tout à
l'heure pour l'attaque. Les hommes sont
pleins d'ardeur, mais les chefs assez soucieux : une patrouille rentrée dans la nuit
s'est « heurtée à des forces allemandes
supérieures en nombre (1) » ; en outre le
terrain ne leur est pas familier à tous. Certains même, comme le capitaine de Malherbe, n'ont encore jamais mis les pieds
dans ce secteur. Ils se renseignent près des
officiers du bataillon de Kerros et du bataillon Bertrand qui doivent rester dans
leurs tranchées, « prêts à toute éventualité ». Le capitaine de Malherbe s'adresse,
pour sa part, à son « vieux camarade Ra-

______

(1) Cf. carnet de route du commandant B..., qui
ajoute : « Elle a même failli être cernée par deux patrouilles ennemies venant sur la droite et sur la gauche et a dû se replier, sans perte d'homme heureusement. »

vel ». Il n'est que cinq heures et demie du matin. Le plus simple est d'aller voir. « Ravel et moi, écrit-il, sortons de la tranchée et traversons nos fils de fer par les passages aménagés dans la nuit. Nous passons ensuite un petit ruisseau à peu près parallèle à la tranchée et nous avançons plus loin. Bien que la nuit soit encore complète, je puis me faire une vague idée du terrain, plat, formant un peu cuvette. Ravel et moi sommes du même avis : l'attaque est impossible de jour, sans que les fils de fer allemands aient été au préalable fortement bouleversés. Je le dis au commandant en revenant : il me répond qu'il y a ordre formel d'attaque, puis il s'en va vers la compagnie Benoît. Je ne devais plus le revoir. »

Le pis est que l'heure de l'attaque approchait et qu'aucune des dispositions prévues par le commandement ne semblait en voie d'exécution. La préparation d'artillerie s'était bien déclenchée à l'heure convenue, mais bien que 90 pièces, dit-on, y eussent donné toutes ensemble, ce n'avait été qu'un tir de 75, à shrapnells, et qui cessait au bout de dix minutes. Ni les mitrailleuses, ni les chasseurs n'étaient au rendez-vous (1). Six heures trente : toujours rien. Au dernier moment on se décide à remplacer la compa-

(1) « A l'heure où elles [les compagnies] devaient être en position, le déclenchement d'artillerie s'est opéré. Beau combat d'artillerie. De notre côté 90 pièces, paraît-il, tonnent, beaucoup moins du côté boche. » (Carnet du commandant B...) Suivant d'autres carnets, au contraire, ce déclenchement d'artillerie ne se serait pas opéré à l'heure réglementaire. ' « Nous attendons vainement la préparation d'artillerie prévue dans l'ordre d'attaque. » (Carnet du capitaine de M...) « L'artillerie, par défaut de téléphone, a tiré trop tard. » (Carnet du docteur T...) Enfin, dans son interview, le maître Donval dit : « L'attaque devait avoir lieu à six heures quarante-cinq sans préparation d'artillerie. » La vérité semble être que le tir se déclencha à l'heure dite, mais fut très court et exécuté avec des pièces trop faibles.

gnie cycliste par une compagnie de marins
du bataillon Mauros (1), — la 10ᵉ, capitaine Deleuze, qui avait succédé au capitaine Soulié, blessé le 25 octobre, et dont
les jeux de la guerre et du hasard devaient
faire le principal vainqueur de cette journée
à laquelle il ne comptait pas participer.
Mais est-il sage, dans ces conditions défec-
tueuses, d'entamer la bataille? Le commandant Geynet ne connaît que sa consigne.
C'est un esprit exalté et magnifique : depuis
des mois il attend, il presse de tous ses

(1) Ce bataillon, alerté lui-même dans la nuit, à
Pypegaale, où il était arrivé à dix heures et demie du
soir, venant des tranchées, s'était mis en route à
quatre heures du matin et avait atteint à cinq heures
le pont de Steenstracte où il avait trouvé le bataillon
de Kerros déjà établi, tandis que le bataillon Geynet
occupait les emplacements en avant du pont. Au début
de la journée, « la 9ᵉ compagnie (Marchand) tient le
pont ; la 10ᵉ (Deleuze) va remplacer les chasseurs
cyclistes ; la 11ᵉ (Merouze) et la 12ᵉ (Reymond) vont
s'étaler à droite avec les compagnies Feillet et Benoît. »

vœux l'occasion de s'élancer avec ses braves sur les défenses ennemies, de goûter à leur tête l'ivresse de la charge et du corps à corps. Vainement le circonspect commandant Mauros, qui assistait au conseil tenu chez l'amiral, l'a-t-il mis en garde contre son excessive confiance dans la vertu des baïonnettes françaises. Le commandant Mauros était le premier marin qui eût occupé le pont de Steenstraete. Suivant l'expression d'un de ses officiers, « il avait le terrain dans l'œil, il en connaissait les défilements, il savait la valeur des défenses ennemies » et, puisqu'on attaquait, il eût voulu du moins qu'on n'attaquât pas de front, qu'on essayât de « tourner par le petit bois de droite », tout en laissant croire à une attaque directe, qu'on sollicitât enfin l'appui complet de la gauche du 20ᵉ corps. Les circonstances rendaient encore plus impérieuse l'adoption de cette tactique prudente. Mais il y avait du d'Artagnan chez Geynet, qui pouvait croire aussi que le silence du commandement (1), mal ou tardivement renseigné, impliquait le maintien de ses précédentes instructions. Celles-ci n'ayant pas été modifiées, il fait donner, par des plantons, aux chefs des compagnies, l'ordre de se déployer et de se porter en avant par les trois points convenus : la passerelle nord (1re et 4e compagnies du 1er régiment, lieutenants de vaisseau Bonelli et Dordet, adjudant-major, remplaçant le lieutenant de vaisseau Pitous, empêché) ; le pont de Steenstraete (2e et 3° compagnies du 1er régiment, lieutenants de vaisseau Benoît et de Malherbe) ;

(1) Dès le début de la journée, le « colonel » Paillet et l'un de ses officiers, l'enseigne Bonneau, étaient arrivés au P. C. du pont de Steenstraete où se tenaient également les commandants de Kerros et Mauros, avec leurs adjudants-majors Lefebvre et Daniel.

la passerelle sud (10e compagnie du 2e régiment, lieutênant de vaisseau Deleuze).

L'attaque doit commencer à six heures quarante par la droite, en liaison avec celle que monte la 11e division d'infanterie. Nous sommes dans les plus longues nuits de l'année; l'obscurité n'est pas encore toute dissipée, mais, comme il ne pleut pas, le terrain « s'envisage aisément » dans la grisaille du petit jour : c'est « une longue prairie, pas trop détrempée, étendue entre nous et la première tranchée allemande. » Et, au coup de sifflet du capitaine Benoît, la 2e compagnie, préalablement massée à la lisière extérieure, « décolle » avec ensemble. La tranchée allemande s'enflamme presque aussitôt; nos hommes accélèrent l'allure, soutenus et comme portés par la voix de leur capitaine qui vient de rouler à terre et qui leur crie dans un flot de sang, le bras tendu : « Ça ne

fait rien, mes garçons. En avant toujours ! »
C'est le résumé de quinze ans d'apostolat,
tout l'enseignement d'une vie admirable,
vouée à l'exaltation de l'effort, à la culture
ésotérique de la volonté conçue comme
un instrument de perfectionnement moral
par quoi l'âme échappe à toutes les
contingences, que l'auteur de *la Voie du
Chevalier*, le mystique fondateur du scoutisme français, leur jetait dans ce *sursum
corda*. La mort même n'avait pu dompter
ce libre adepte des vieux sages de l'Égypte
et de l'Inde qui s'était exercé dans leur fré-
quentation à se hausser au-dessus d'elle et,
quand on ramena son corps à la passerelle
sud, dit le lieutenant de vaisseau Daniel,
« son bras tendu, raidi dans le dernier
geste d'*En avant !* demeurait obstinément
tourné vers l'ennemi (1)... » L'enseigne

(1) V. à l'*Appendice*.

Lartigue, qui a pris le commandement à sa place, arrive sur, l'obstacle à pleine charge et l'enlève. Sans s'occuper des prisonniers, qu'un cycliste de l'état-major suffira pour conduire à l'arrière (1), il pousse jusqu'à une maison en ruines où il fait abriter un moment ses hommes. Lui-même profite de ce léger répit pour examiner la

(1) « Parmi eux un officier, blessé au bras, attire mon attention : c'est le type ˙classique de l'Allemand à barbe blonde, lunettes d'or, le commis voyageur qu'avant la guerre on voyait partout en France, sous-lieutenant de réserve sans doute. J'en interroge quelques-uns : ils sont du **237ᵉ** ersatz, des Prussiens rhénans, pour la plupart. Ils ont l'air aussi boueux que nous et paraissent abrutis de ce qui leur arrive. Quelques-uns sont des réformés rappelés au service. Au poste de secours, jusqu'où j'ai poussé pour mieux les voir, je m'étonne de leur propreté corporelle, malgré les conditions si pénibles où ils se trouvent. L'un d'eux auquel j'en fais la remarque me répond que leurs officiers sont très durs pour cela. Je regarde leur livret de solde. Ils sont régulièrement payés et, à en juger par leur mine, ne semblaient pas mal nourris. » (Enseigne D..., *Impressions de guerre.*)

situation : à droite, la 11ᵉ division semble
avoir « progressé comme nous », mais, à
gauche, on ne voit pas clairement « ce qui
se passe ». Un officier d'infanterie survient
à propos pour donner à Lartigue les préci-
sions qu'il souhaite.

« Certain alors qu'il existe bien un
« trou » à sa gauche, dit un témoin, il
avance en obliquant de ce côté et, vers
sept heures un quart, après avoir franchi
un boyau que le fusilier Vitoux s'est offert
pour visiter et qui était vide, il arrive, avec
une vingtaine de marins et quelques soldats qui se sont ralliés à lui, sur une petite
route située à mi-distance entre le canal
et Bixschoote. Des coups de fusil partent
d'une tranchée à une centaine de mètres
à l'est. Le lieutenant se défile dans un
fossé avec ses hommes, puis il observe :
à sa gauche, toujours silence complet;
aucun des nôtres n'est en vue. Mais, plus

en arrière, dans un pré entouré de peupliers, des formes grises vont et viennent. Nul doute, ce sont des Allemands. Le lieutenant fait aussitôt converser sa section, de façon à prendre la position à revers, et il prévient qu'à son signal on soit prêt « à abattre chacun son Boche », puis à se lancer à la baïonnette. Les Allemands sont dans un redan relié à l'arrière par un boyau, — celui justement que nous avons visité un quart d'heure plus tôt et que nous tenons. Ils ne semblent pas se rendre compte qu'ils sont cernés. Mais, au moment où le lieutenant donne son signal, des cris de charge partent de l'autre côté de l'ouvrage... »

C'est le quartier-maître Dréan, de la compagnie Deleuze, qui, avec les fusiliers Cautin, Baudry et Denier (1), vient de se

____

(1) Cités tous les quatre à l'ordre de l'armée pour ce fait d'armes.

jeter dans le redan, d'y capturer deux mitrailleuses et une dizaine de prisonniers. Ceux-ci étaient d'ailleurs des Alsaciens-Lorrains qui ne demandaient qu'à se rendre. Deleuze, parti après la compagnie Benoît, avait franchi la tranchée emportée par cette compagnie et laissée à la garde d'une section sous les ordres de l'officier des équipages Souben ; ramassant la section, il avait dessiné avec elle une habile manœuvre d'enveloppement et était arrivé sur la seconde tranchée un peu avant Lartigue, qui la contournait par la droite, et Souben, qui l'abordait de face. Dans le fond du redan, quelques hommes tenaient encore autour d'un *oberleutnant,* colosse roux à lunettes d'or qu'on disait être un instituteur prussien et qui luttait désespérément ; un de nos gradés, le maître Donval, l'abattit d'une balle dans la tête. Le reste se rendit. Grâce à l'heureux hasard qui avait fait

concorder les mouvements de la 2e et de
la 10e compagnie, le redan, ses mitrailleuses, un paquet d'une trentaine d'hommes
« étaient entre nos mains, presque sans
perte de notre côté ». Les marins, « dans
un enthousiasme indescriptible », dansaient, agitaient leurs bonnets, « et, pendant quelques minutes, dit le témoin précédemment cité, il fut difficile de les empè-
cher de se tenir debout sur le parapet ».

Ce beau succès, s'ajoutant à ceux que la
11e division venait de remporter vers Kor-
tecker, avançait assez nos affaires de ce
côté. Malheureusement, sur un autre point
du centre et à gauche du pont, la progression rencontrait plus de résistance. Le
capitaine de Malherbe, après avoir fait
passer le fil de fer et le ruisseau à ses trois
sections, les avait déployées en tirailleurs,
la première section (enseigne Viaud) à sa
gauche. Elles furent prises tout de suite

sous le feu des mitrailleuses ennemies. On entendait les cris sourds des hommes à mesure qu'ils s'écroulaient. La section du capitaine de Malherbe, plus ou moins disloquée, parvint cependant jusqu'aux fils de fer de la tranchée allemande : ils étaient intacts. Énervés par cette résistance, nos hommes essayent de les arracher rageusement avec le crochet de leurs baïonnettes. Peine perdue : il faut se coucher dans les betteraves et attendre. Malherbe, resté debout, est atteint par la rafale en se retournant pour observer le mouvement de la compagnie Benoit : deux balles lui ont broyé la jambe ; une troisième balle lui érafle fortement la hanche gauche. Il n'a que le temps d'envoyer un homme de liaison prévenir l'enseigne Viaud qu'il lui passe le commandement. Avec la même tranquillité, du même pas régulier qu'il eût pris à l'exercice, l'homme (Victor Brault) part pour s'acquitter de sa mission et revient en rendre compte au capitaine : il n'a pas été touché, bien que plusieurs balles aient traversé sa capote (1). Tandis que le quartier-maître Le Boulanger, blessé lui-même, étaye jusqu'au canal la marche chancelante de son chef, le reste de la compagnie, avec l'enseigne Viaud, continue à ramper vers les fils de fer et trouve là un petit fossé où elle est à peu près défilée. Elle y demeurera toute la journée, à demi enlizée, sans pouvoir

(1) Un autre agent de liaison, le matelot sans spécialité Robert, qui devait se distinguer particulièrement à l'attaque du 9 mai 1915, où il porta jusqu'à huit messages, de jour et de nuit, « traversant cinq ponts sous un bombardement des plus violents », ne montra pas un courage inférieur pendant l'attaque du 17 décembre. Au cours de cette attaque, dit sa citation, « envoyé sur la ligne de feu pour porter un ordre, trouve la compagnie fortement engagée, remet son message, fait le coup de feu à côté de l'officier des équipages qui commandait la section et qui est tué auprès de lui, rapporte ses jumelles, son revolver et ses papiers. »

avancer ni reculer. Viaud lui-même a la cla-
vicule cassée ; il rentrera cependant à la nuit
dans nos lignes, avec les débris de sa compagnie, que le maître Paugam a ralliés et
dont il a pris le commandement, quand
tous les officiers furent hors de combat.

La 4ᵉ et la 1ʳᵉ compagnie n'étaient pas
sensiblement plus heureuses à la gauche du
pont de Steenstraete où elles attaquaient en
liaison sous la direction de l'adjudant-major
Dordet. Cependant la 1ʳᵉ compagnie (capitaine Bonelli) avait débuté assez bien en
enlevant deux éléments de tranchées (1) « à
200 mètres des tranchées principales (2) ».
Le feu violent qui sortait de celles-ci l'obli-
gea de s'arrêter et de se défiler dans les

(1) L'*Officiel* dit même deux tranchées. C'étaient
des éléments avancés et en partie inondés. Bonelli
les enleva très brillamment, mais sans pouvoir beaucoup les dépasser. (Voir plus loin Maurice Faivre.)
(2) V. à l'*Appendice*.

fossés voisins. Bonelli était blessé (1) ; son
enseigne Boissat-Mazerat, placé en flanc-
garde, recevait au milieu du dos, pendant
qu'il parlait à ses hommes, une balle dum-
dum qui mettait « en miettes » tout son
« trésor de guerre », mais ne lui causait
qu' « un vague séton du bras ». L'officier
des équipages Séveno et le premier maître
de la compagnie tombaient à ses côtés.
« Nous voilà livrés à nous-mêmes, sans
gradés, écrit Maurice Faivre. Tous nos
officiers sont blessés, légèrement cependant. Le second maître, ayant été blessé
également, s'est traîné sur l'arrière après
avoir été pansé par moi... Je suis dans un

(1) « Dix heures trente. Le capitaine Louis, de
l'état-major du 1er régiment, arrive à mon poste. Le colonel l'envoie prendre le commandement de la 1re compagnie, en remplacement du capitaine Bonelli, blessé.
Il me demande un lieutenant. C'est l'officier des équipages Devisse, de la 10e compagnie, qui va lui être
adjoint. » (Carnet du commandant B...)

champ, derrière une haie, à 40 mètres des
« autres » et à 200 mètres du canal. Nous
sommes sept malheureux poilus à avoir les
pieds inondés... Le reste de la compagnie
est en tirailleurs sur notre gauche; nous
allons demander la jonction avec elle... Le
capitaine Pitous prend le commandement
[de la 4ᵉ compagnie]. » Mais il ne le prenait
que pour le quitter presque tout de suite,
une balle l'ayant atteint à l'œil comme il se
découvrait « pour observer la position ennemie ». Ce n'était pas tout, et l'adjudant-
major Dordet, qui commandait ce secteur
de l'attaque, n'avait pas plus tôt reçu le renfort de mitrailleuses (capitaine Michel) dont
il avait besoin pour tenter un nouveau bond,
qu'il était arrêté à son tour par des salves
nourries partant de « maisons incendiées
situées en face de la passerelle (1) ». Il

____

(1) Journal de route du commandant B.

demande au commandant Bertrand de faire bombarder ces maisons. L'ordre est transmis : le tir de réglage est « bon en direction », mais trop long de 200 mètres. Trois biplans français se détachent pour survoler la position. Et, cette fois, les obus tombent en plein dans nos lignes. Enfin, sur les indications du capitaine de Monts, qui se tient en observation dans la tranchée de la tête de passerelle, le commandant Bertrand réussit à faire rectifier le tir ; mais il y a encore une « sacrée batterie » qui s'obstine à tirer 200 mètres trop court et 150 mètres trop à droite. « Les quelques types que j'avais avec moi sont affolés, écrit Maurice Faivre, et se sont débinés, sauf un. Nous nous creusons tous les deux un abri. Les Boches viennent d'arriver en rampant. Pour donner l'illusion du nombre, nous courons à toute vitesse derrière la haie en tirant rapidement, et chacun de nous tient deux fusils; les Boches s'arrêtent et rebroussent chemin. Renfort arrive : une escouade. » Et l'action reprend. Dordet, avec ses deux compagnies, « occupe une petite tranchée qu'il va prolonger sur la droite : il se trouvera en bonne position pour attaquer la grande tranchée boche que notre artillerie bombarde en partie seulement (1) », au lieu de faucher aux angles et au centre. Il est une heure de l'après-midi, et la progression partout ailleurs est arrêtée. Dordet reçoit l'ordre de suspendre son mouvement et de se replier (2).

Une plus longue insistance n'eût servi qu'à faire décimer ses compagnies. A notre centre même, vers huit heures, Lartigue avait dû se défiler en contre-bas de la route,

(1) Journal de route du commandant B...

(2) Ce qu'il fit, à la nuit tombante, la 4ᵉ compagnie d'abord, la 1ʳᵉ ensuite, » en ramenant les blessés et les corps des officiers tués. »

position assez médiocre (1) où il attendait les instructions du commandant Geynet. Les instructions n'arrivaient pas, et c'est qu'avec son exaltation habituelle, presque dès le début de l'attaque, le commandant Geynet s'était jeté dans la mêlée. Cet admirable marin, vraiment assoiffé de sacrifice, bouillait depuis le commencement de l'action : il venait d'apprendre que les fils de fer des tranchées ennemies étaient à peine entamés ; il demanda des cisailles au capitaine Ravel et il partit. Moins impatient, peut-être eût-il attendu que les progrès de l'attaque de droite fussent plus affermis. Mais, après avoir rejoint la section

(1) « Les balles nous causent quelques pertes, la protection du contre-bas de la route étant médiocre et difficile à améliorer. Vers midi, Souben reçoit une balle en plein front qui le tue net au moment où il commandait un feu de salve. Lartigue reste seul officier de la compagnie avec un seul sous-officier, le second maître Poquet. »

de l'enseigne Pion et s'être entretenu un moment avec cet officier, il poussa en avant et fut presque aussitôt pris de front et d'écharpe par des feux d'infanterie. Une de ses escouades tenait la droite de la route, l'autre la gauche. Il était un peu plus de sept heures. La fusillade, si terrible qu'elle fût, n'avait pas arrêté l'élan du commandant, qui continuait sa marche hallucinée vers la tranchée ennemie. Voyant une de ses escouades en péril, il voulut la dégager. On l'entendit crier : « Mes enfants, allons les venger ! » Que se passa-t-il ensuite ? Un de ses hommes de liaison, le fusilier Le Huérou, qu'il avait envoyé porter un ordre au capitaine de Malherbe, en se retournant, le vit à 30 ou 40 mètres qui s'affaissait. Il voulut s'approcher « pour lui faire un pansement », mais la fusillade redoublait. Le commandant d'ailleurs, plus soucieux de la vie de ses hommes que de la sienne, lui faisait signe de continuer son chemin. Bien que frappé à la tête, il se releva au bout d'une minute, le visage en sang, fit quatre ou cinq pas, puis tomba définitivement, atteint, croit-on, d'une nouvelle blessure au côté. Son élan l'avait emporté très loin de ses hommes, jusqu'à la tranchée ennemie. Il y touchait : la palme de gloire qu'il voulait saisir n'ombragera-t-elle qu'un tombeau? Un mystère couvre sa fin. Son corps ne fut pas retrouvé. Blessé grièvement, fait prisonnier peut-être et soigné dans quelque ambulance de cette inaccessible Belgique qui étouffe depuis trois ans sous le bâillon, rien n'a transpiré de son tragique secret. Vainement sa sœur a-t-elle voulu rompre cette consigne de silence. Le commandant Geynet, quelques années plus tôt, avait dirigé les opérations de sauvetage d'un croiseur de l'escadre du prince Henri de Prusse, l'*Amazone,* et reçu à cette occasion, du Kaiser, l'ordre de la Couronne royale de 3ᵉ classe. Il était alors à Brest, lieutenant de vaisseau. Au nom des filles, des mères, des épouses allemandes dont il avait contribué à préserver les foyers, la sœur du commandant, par l'intermédiaire de l'ambassade d'Espagne, supplia l'Empereur de la tirer d'incertitude. Le placet lui revint avec un timbrage en rouge du bureau central des renseignements et cette simple annotation au crayon : « La recherche n'a pas été annoncée *(sic)* jusqu'à aujourd'hui. *Signé* : J.-A. Grafotunverine-Rittmeister... »

Ainsi notre offensive n'avait que partiellement réussi : le demi-échec de notre centre, l'échec total de notre gauche tendaient même à compromettre, si l'on n'avisait rapidement, les résultats acquis par les compagnies Deleuze et Benoît. En ces conjonctures, le « colonel » Paillet sut prendre

à temps les décisions nécessaires : faisant
appel à ses réserves et remplaçant la 3ᵉ compagnie du 1ᵉʳ régiment, décimée, par la 12ᵉ
du 2ᵉ régiment (capitaine Reymond) (1), il

(1) Certains rapports disent la 9ᵉ du 2ᵉ régiment.
C'est une erreur. — Le lieutenant de vaisseau Reymond, blessé d'une balle à la joue dans les batailles
de Dixmude, était revenu à la brigade aussitôt guéri.
C'est en lui transmettant un ordre, vers deux heures
de l'après-midi, que le fusilier Labia accomplit le
fait d'armes rapporté par sa citation (V. à l'*Appendice*). « Vers quatorze heures un ordre est à trans-
mettre à Reymond, parti renforcer et secourir Deleuze-
Benoît. Le fusilier Labia en est chargé. Quand il revient,
il ramène 17 prisonniers. Je l'interroge et il me dit :
« Je me suis trompé de boyau, j'ai été chez les Boches,
« croyant trouver les copains. Quand j'ai vu ça, je me
« suis dit : « Je suis foutu » ; j'ai armé mon mousqueton
« et j'ai commencé à tirer dedans, mais alors voilà toute
« la bande qui lève les bras et dit : kamarades. « En
« route ! » que je dis et je les ai fait défiler devant moi. »
(Carnet du lieutenant de vaisseau D...) Ces prisonniers
étaient restés vraisemblablement dans le boyau de la
tranchée emportée par Lartigue. La citation de Labia
ajoute même qu'il trouva une mitrailleuse sous les
cadavres allemands.

lui ordonna de se déployer avec prudence et d'établir une liaison immédiate avec la 2ᵉ compagnie du 1ᵉʳ régiment et la 10ᵉ du 2ᵉ régiment « pour leur permettre de maintenir leur avance et de consolider leur situation. » Progresser davantage n'était plus possible. Reymond lui-même n'avait pas fait trente mètres sur la rive droite qu'il écrivait : « Je n'ai plus de gradés. » Quelques minutes après, il perdait son lieutenant, l'enseigne Bioche, polytechnicien moraliste qui promettait un Vauvenargues à la brigade. Toute l'artillerie ennemie donnait en rafale (1) : non seulement le

(1) « La canonnade et la fusillade ne cessent pas; les shrapnells et les balles arrivent jusqu'à nous... Depuis ce matin, nous avons au poste de commandement le médecin aide-major du bataillon, le docteur L. G... Il était venu assurer la relève des infirmiers du front, ne sachant pas qu'une action allait s'engager. Il a pensé avec juste raison que sa présence serait plus utile en première ligne qu'à l'arrière, et il est resté

terrain d'attaque, mais le pont, les passerelles étaient balayés par les obus, ce qui
n'empêchait pas l'héroïque aumônier du
1er régiment, l'abbé Pouchard, de s'y risquer en plein jour pour visiter les blessés (1). Devant nous, à 400 ou 500 mètres,
un feu plongeant de mousqueterie partait
de la grande tranchée allemande qui était
le réduit de la résistance. Large et pro-
fonde, couverte par un triple réseau de fils

avec nous. De temps en temps arrivent des blessés
qu'il soigne et dirige ensuite sur les ambulances... [A
onze heures], le bombardement de notre poste, qui
avait cessé depuis une demi-heure, reprend non
moins violent que ce matin. » (Carnet du commandant B...) Le maître fusilier Madec fut ainsi tué dans
sa tranchée.

(1) « Vers midi, malgré le bombardement du pont
par les Allemands, le brave aumônier du 1er régiment, M. l'abbé Pouchard, vient me voir. Nous
sommes bien peu de chose à côté de cet homme-là.
On ne saura jamais le courage, la bonté et l'héroïsme
de notre aumônier. » (Carnet de route du lieutenant
de vaisseau de M...)

de fer, de chevaux de frise et de « croix de Saint-André de 2 m. 50 de haut, reliées entre elles par des câbles d'acier (1) », elle ne paraissait pas susceptible d'être enlevée avant d'avoir été battue par une puissante artillerie dont nous ne pouvions obtenir le concours dans la journée même.

Ces considérations décidèrent l'amiral, qui ordonna d'arrêter l'attaque et de se contenter d'organiser définitivement le front conquis. A cet effet, pour faire un parapet aux tranchées bouleversées, il demandait télégraphiquement à l'état-major l'envoi de 6 000 sacs à terre. Impossible de creuser le sol, l'eau émergeant à 50 centimètres de profondeur. Et il fallait en outre relier notre nouveau front aux troupes du 20ᵉ corps. Ce nouveau front devait être occupé par la compagnie cycliste, arrivée

(1) Carnet du lieutenant de vaisseau D...

trop tard pour participer à l'attaque (1) et qui s'était défilée sur la rive droite du canal, la compagnie Merouze (11° du 2° régiment) et la compagnie Le Bigot (6° du 2° régiment). Les bataillons Bertrand et de Kerros recevaient ordre de conserver leurs positions sur les rives du canal et la tête de pont de Steenstraete ; le bataillon Conti, moins la

(1) « Les chasseurs cyclistes, arrivés à sept heures [d'autres carnets disent à huit], sont tous de la classe 14 : ils voient le feu pour la première fois. Ils viennent se tasser dans les boyaux où sont nos compagnies et, aidé du brave maître de manœuvre Gessiaume, je fais filtrer par la passerelle du pont ces jeunes gens qui marchent avec la crânerie qui caractérise leur arme. Mais ils n'ont pas fait 50 mètres sur la rive droite que, privés de leurs gradés, ils doivent eux aussi s'arrêter. Je viens rendre compte au commandant Mauros qui me dicte un ordre pour Deleuze. Le commandant lisait par-dessus mon épaule ; l'homme de liaison, en face de nous, attendait le papier : un éclat de shrapnell passe entre nos deux têtes et frappe l'homme à la place du cœur, lui coupant simplement sa buffleterie. » (Carnet du lieutenant de vaisseau D...)

6ᵉ compagnie, restait en service de secteur sur le plateau à l'ouest du Kemmelbeke ; les bataillons Geynet et Mauros rentraient dans leurs cantonnements de Bosch-Hoeck.

Ces divers mouvements s'exécutèrent sans incident pendant la nuit : les Allemands ne contre-attaquèrent pas. En somme, si elle n'avait pas rempli toute notre attente, l'offensive du 17 décembre avait cependant obtenu quelques-uns des résultats souhaités : elle avait fait la diversion demandée et, en plus de cette diversion, elle avait réalisé un gain partiel à la droite de notre front par la prise d'un redan, de deux tranchées et de quelque 400 mètres de terrain (1).

Mais elle coûtait cher à la brigade. « Il y a eu de la casse, beaucoup de casse, surtout

(1) Voir, pour les résultats obtenus par le 20ᵉ corps, le communiqué du 19 décembre et les *Principaux faits de guerre,* du 16 au 24 décembre.

parmi les officiers, écrivait le lendemain
l'enseigne Boissat-Mazerat : sur 12 que
nous étions au bataillon, 5 ont été tués,
2 blessés grièvement, 2 plus légèrement,
3 sont indemnes, et je me compte parmi
eux, n'ayant eu qu'un vague séton du bras,
avec trou d'entrée et trou de sortie parfaitement propres. » Ces officiers étaient le
commandant Geynet, le lieutenant de vaisseau Benoît, l'enseigne Pion qui, touché
une première fois à la joue, s'était bandé
lui-même avec son mouchoir et, après avoir
atteint ses objectifs, ne s'était replié que par
ordre et à contre-cœur, les officiers des équipages Souben et Séveno, tués ou disparus ; les
lieutenants de vaisseau Bonelli et de Malherbe, l'enseigne Bioche (1), blessés griè-

(1) Mort des suites de sa blessure. Il avait été
« blessé, dit sa citation, en se portant, avec sa section, sur une position battue par les mitrailleuses ennemies. » Bioche, on le sait, appartenait à la 12ᵉ compa-

vement; le lieutenant de vaisseau Pitous, l'enseigne Viaud, blessés plus légèrement. Les pertes en hommes n'étaient pas moins fortes et si, comme on le pensait, l'offensive avait un lendemain, la contribution de la brigade devrait être proportionnée à la réduction de ses effectifs.

gnie du 2ᵉ régiment, ce qui explique que Boissat-Mazerat le passe sous silence.

X

Le quartier général avait en effet décidé la continuation de l'offensive : le bel allant de nos troupes lui semblait un gage de succès et, après le « grignotage » auquel nous soumettions l'ennemi depuis un mois, le moment semblait venu de tailler à larges pans dans ses lignes. Ni le général Hély d'Oissel, ni l'amiral Ronarc'h ne partageaient peut-être cette illusion. Les marins sans doute n'avaient rien perdu de leur mordant. Mais cet état d'exaltation, qui les arrachait à eux-mêmes et à leurs misères, pouvait-il longtemps se soutenir? Dans une seule ambulance, le docteur Taburet note qu'il a, tous les jours, une centaine de malades,

« sans préjudice des blessés ». La perspective de « crever dans la boue » démoralisait les hommes, qui se seraient abandonnés, sans le magnifique exemple d'endurance qu'ils trouvaient chez leurs officiers, et le réconfort qu'ils y puisaient (1). L'expérience venait de montrer cependant qu'affaiblis par la dysenterie, les bronchites, ils renaissaient subitement dès qu'une attaque se déclenchait. L'approche seule de cette attaque les transformait ; dans la tranchée, ils tracassaient avec impatience la détente de leurs fusils et imploraient la permission de « canarder » les ombres ennemies qui commençaient à se découper sur le gris du ciel.

(1) « Si la discipline est la force principale des armées, écrivait le 16 décembre l'enseigne Bioche, la confiance et l'attachement aux officiers sont les seules raisons pour lesquelles les marins se battent bien. »

— Je les retenais, dit un gradé (1), car il fallait surprendre.

Au cours même de l'attaque, leur pétulance ordinaire, une vanité bien excusable chez des hommes qui avaient prouvé tant de fois leur supériorité sur l'ennemi, les emportaient à toutes sortes de démonstrations imprudentes (2). Encore fallait-il, avant de les rejeter dans l'action, boucher les brèches ouvertes dans leurs rangs ; or, toutes les compagnies étaient à peu près disloquées, sauf celles des bataillons Conti, Bertrand et de Kerros. C'étaient les seules troupes intactes qui nous restaient, et tout ce que put faire l'amiral fut de mettre le premier de ces bataillons à la disposition du

(1) Maître Donval. Cité par l'abbé Bruno. (*Petit Écho Vaucellois* d'août 1915.)

(2) « Nous approchions des premières lignes, et j'ordonnai le silence à mes hommes », etc. (*Petit Écho Vaucellois.*)

20ᵉ corps, chargé de pousser à fond l'offensive. Mais, bien que l'artillerie du secteur eût
bombardé toute la journée les tranchées ennemies et que l'artillerie allemande répondît
assez faiblement, il arriva que notre droite ne
put marquer aucune avance, et le bataillon
Conti resta sur ses positions. Les hommes
n'eurent à supporter qu'une légère contre-
attaque de l'ennemi, qui voulut profiter de
la relève pour essayer de leur reprendre à
la grenade les tranchées perdues (1). L'amiral avait obtenu pour cette relève un appoint
de 200 cavaliers à pied : une mousqueterie

(1) « Cette nuit, un peu de grabuge. Au cours de
la relève, une belle fusillade s'est déclenchée sur ma
droite. Des shrapnells s'en mêlent. Légère panique
dans une compagnie qui arrivait. Renseignements pris,
il y a eu ébauche de contre-attaque allemande. Même
quelques Boches ont pu dépasser la tranchée française, mais mal leur en a pris : ils ont été nettoyés.
Il paraît qu'ils avaient des grenades, et c'est ce que
j'ai pris pour des shrapnells. Voilà encore une nouveauté... » (Enseigne D..., *Impressions de guerre*.)

bien dirigée et quelques tirs de barrage obligèrent l'ennemi à rentrer dans ses trous.

Il riposta le 19, pendant toute la matinée, jusqu'à deux heures de l'après-midi, par un marmitage en règle du plateau à l'ouest du Kemmelbeke, où nous avions nos réserves, et de la ferme Mouton, où se trouvait le poste de commandement de la défense (1). La précision de ce bombardement ajouta aux présomptions que l'on avait de la mort du commandant Geynet, qui portait sur lui le plan du secteur et qui l'aurait détruit immanquablement, s'il n'avait été que blessé ; mais elle pouvait être aussi le fait de l'espionnage local qui ne s'était jamais montré plus actif, repérant tous nos

(1) « Ici, nous écrit-on, il y aurait lieu de signaler le sang-froid du docteur Ziegler et de son aide-major, le docteur Pierre, qui firent évacuer sous le feu le poste de secours voisin de la ferme Mouton et s'établirent près de Pypegrale. »

mouvements, coupant nos fils téléphoniques et se glissant en blouse de colporteur, voire en cotteron de pastoure, jusque sous l'auvent des âtres hospitaliers où se séchaient les Jean Gouin (1). Il fallut modifier l'aménagement du secteur. L'amiral dut songer aussi à refondre le 1er régiment, si éprouvé, et envisager dès ce moment la suppression d'une de ses compagnies : le manque de gradés et d'officiers se faisait de

(1) « Dans la journée un marchand de papier à cigarettes était passé parmi les cantonnements et, le soir, les obus pleuvaient sur le village. » (Journal du fusilier Maurice Oury. — « Un matin, au petit jour, dans les arbres à 100 mètres en arrière de mon poste, trois flammes étaient hissées. Je les fis abattre immédiatement. Qui les avait hissées? » (Carnet du lieutenant de vaisseau D...) — « Cette nuit, étant de faction devant la porte d'une ferme où était enfermé un espion, j'ai failli tirer sur mon ombre que je croyais être mon espion fichant le camp. Nous faisons la chasse aux espions... Ils signalent l'emplacement des troupes, et les marmites arrivent; ils coupent nos téléphones de campagne, etc. » (Lettre du fusilier Maurice Faivre.)

TRANCHÉE FRANÇAISE SUR TERRAIN CONQUIS
LE 17 DÉCEMBRE 1914

BOMBARDEMENT DE LA GRANDE-REDOUTE
DE STEENSTRAETE, AU 75, LE 22 DÉCEMBRE 1914

plus en plus sentir et déjà l'on pouvait prévoir le moment où la Marine, très capable encore de nous alimenter en hommes, ne pourrait plus compléter les cadres, trop longs à former et dont elle avait besoin pour ses bateaux.

La nuit du 20 décembre ne fut troublée que par le chuintement des fusées éclairantes dont l'ennemi commençait à régulariser l'emploi ; les deux journées suivantes furent surtout employées par lui en reconnaissances d'avions qui jetèrent des obus sur Woesten et Oostvleteren ; mais le bombardement consécutif à ces reconnaissances nous causa peu de pertes, bien qu'il fût sensible que l'artillerie allemande eût reçu des renforts. On avait dû laisser sur le canal une partie des unités qui devaient être relevées, les chasseurs cyclistes envoyés pour cette relève n'étant pas en nombre et la reprise de l'offensive semblant imminente.

Elle avait été annoncée d'abord pour le 21 au matin. La veille, qui était un dimanche, les hommes en réserve avaient eu l'autorisation d'assister à la messe, dans une ferme du voisinage. Le soir, ils repartaient pour les nouvelles tranchées de la rive droite, organisées vaille que vaille dans la boue d'un champ de betteraves. Le génie n'avait pu fournir les sacs à terre demandés : pas de parapet ; aucun écoulement pour l'eau, le fond des tranchées affleurant la nappe inférieure. Les hommes étaient obligés de rester accroupis dans la vase. Patiemment ils vidaient l'eau avec des gamelles ou des marmites en guise d'écopes, mais elle reparaissait à mesure qu'on la vidait. Travail de Danaïdes ! « Rien à faire, écrit un officier. Ici, l'eau est à fleur de sol et remplit la trace des pas. De jour, si l'on ne veut pas se faire voir, il faut bien se résoudre à se mettre dans l'eau jusqu'aux genoux. Certains de mes hommes y sont *jusqu'aux hanches* (1). » Les postes de commandement, établis sur la rive gauche du canal, dans de petits blockhaus souterrains, étaient à peine plus confortables : un obus avait aux trois quarts démoli la veille celui du commandant Conti, manquant de tuer le commandant et blessant son cycliste. Mais le commandant Bertrand, qui remplaçait le commandant Conti aux tranchées du secteur Sud, emmenait avec lui des sapeurs et du matériel (2). L'attaque fut re-

(1) Enseigne D..., *Impressions de guerre.*

(2) « Les sapeurs du génie finissent de réparer le gourbi, mais notre ligne téléphonique est cassée en plusieurs endroits. Enfin, au jour, nous finissons par obtenir quelques communications, mais avec l'artillerie qui a dû brancher une de ses lignes sur la nôtre... » (Carnet du commandant B... à la date du 21.) Les six compagnies de marins sous les ordres du commandant Bertrand étaient ainsi disposées : « A la tête de pont, la 11ª (capitaine Roux), ayant deux sections en avant du pont et une en réserve derrière; puis, dans les

mise, du reste, au grand dépit des malheureux qui l'attendaient comme une déli-
vrance. Le baromètre, descendu la veille
à 3 degrés au-dessous de zéro, avait re-
monté légèrement, mais il pleuvait, et
c'était cette pluie de neige fondue, plus
froide encore que la vraie neige. Les cou-
vertures étaient trempées ; les officiers
s'étaient fait des sièges avec des seaux ren-
versés. Défense de fumer par surcroît : les
figures blêmissaient ; des guetteurs s'affais-
saient aux créneaux. Le commandant s'in-
quiétait et se demandait comment, après
trente-six heures d'un pareil régime,
ses compagnies pourraient partir à l'as-

tranchées de la rive droite, allant de la tête de pont
jusqu'à la liaison avec le 20ᵉ corps (26ᵉ de ligne) : la
9ᵉ compagnie (capitaine Béra), la 12ᵉ (capitaine Du-
poucy) et la 10ᵉ (capitaine de Monts) ; sur la rive
gauche, le long [du canal] de l'Yser, d'abord la 11ᵉ
du 2ᵉ régiment (capitaine Meyrouse), puis la 4ᵉ du
1ᵉʳ régiment (capitaine Pitous). »

saut (1). On les fit serrer dans la nuit du 21, à quatre heures du matin, pour céder la place à des troupes fraîches appartenant au bataillon de Kerros.

Ce n'était que prudence. Par ordre du général d'Urbal, commandant la VIIIe armée, le groupement Hély d'Oissel devait reprendre l'offensive le matin du 22, à six heures quarante-cinq, après dix minutes de préparation d'artillerie, sur les objectifs primitivement indiqués pour l'attaque du 17. Celui de la brigade était toujours la grande tranchée allemande située dans l'axe du pont, à 500 mètres environ de Steenstraete. Le 2e bataillou du 1er régiment et les deux sections de mitrailleuses à

(1) « La journée (par suite du bombardement intensif) a été dure pour nous : 2 tués et 15 blessés. En outre, nos hommes sont fourbus : depuis trente-six heures ils sont dans l'eau glacée, car nos tranchées sont de véritables fossés pleins d'eau. » (Carnet du commandant B...)

qui revenait l'honneur de l'enlever occuperaient dans la nuit, avant six heures, face
à l'objectif d'attaque, les tranchées du nouveau front, qui leur serviraient de parallèles de départ; le bataillon Conti se porte-
rait en réserve pour la même heure sur le
plateau ouest du Kemmelbeke; le bataillon
Bertrand formerait le soutien dans les tranchées du canal; une fraction de la 11ᵉ division territoriale agirait sur le front du
20ᵉ corps en liaison avec la brigade; le
« colonel » Delage prendrait la direction de
l'attaque.

La nuit avait été calme, sauf les inévi-
tables fusées éclairantes, qui n'avaient pas
empêché les bataillons désignés de se
rendre sur leurs emplacements. Il tombait
de la neige fondue; un « terrain boueux,
glacial (1) ». Les officiers, l'œil sur leurs

____

(1) Carnet de route du docteur T... à la date du 22.

montres, attendaient la fin de la préparation d'artillerie. Elle s'était déclenchée à
l'heure convenue : de six heures trente
à six heures quarante, toutes les pièces du
secteur se concentrèrent sur la grande tranchée allemande et les maisons qui l'avoisi-
naient (1); les gros canons continuèrent
encore le feu pendant cinq minutes. Mais

(1) « Le colonel [Delage] m'emmène au poste
d'observation de l'artillerie d'où il croit pouvoir mieux
diriger son attaque. 75, 90, 120 font rage, aussi
bien dans le groupement Hély d'Oissel (le nôtre)
que dans le 20e corps. Les Allemands y répondent
avec une furie qui m'implante de plus en plus dans
mon idée qu'ils ont reçu des renforts d'artillerie.
C'est un spectacle merveilleux de voir éclater les
obus au-dessus de nous dans la nuit, car le jour n'est
pas encore levé. Je me tenais derrière le commandant
Delage, causant avec son officier adjoint, le lieutenant de vaisseau Lorin, quand, un obus éclatant près
de nous, un éclat vient le frapper près de la tempe
gauche. J'ai craint un moment que ce ne fût grave,
mais la blessure semble légère. On lui met immédiatement son pansement individuel, et il veut rester
avec nous. » (Carnet du commandant B...)

l'obscurité empêchait de vérifier les effets du tir, et c'est une tendance assez fréquente chez les techniciens de croire qu'une préparation d'artillerie ayant été exécutée dans telle condition, en tel laps de temps, il s'ensuit nécessairement, mathématiquement, tel effet donné. Nombreux ont été au cours de cette guerre, et aussi cruels que nombreux, les démentis infligés à cette théorie par l'expérience : nous ne connaissions pas encore toutes les ruses de l'ennemi; nous ne savions pas quels perfectionnements il avait su apporter à l'organisation de ses tranchées et comment, par des boyaux de branchement communiquant avec de solides abris provisoires d'où il surgissait sitôt la préparation d'artillerie terminée, il pouvait procéder à l'évacuation immédiate des points bombardés. Mais, en l'espèce, pour quelques parapets détruits, pour quelques éléments de tranchée bousculés, il semble que l'artillerie n'ait même pas endommagé les chevaux de frise et les barricades de treillis qui hérissaient les abords de la Grande-Redoute sur 20 mètres de largeur et dont les fils de fer barbelés défiaient tous les ciseaux. La plupart des blockhaus étaient intacts, les mitrailleuses à leur poste sous les coupoles blindées des flanquements. C'est contre cette formidable organisation que se lançaient nos hommes. Mais il est vrai que, trompé par les renseignements des reconnaissances aériennes, l'état-major était persuadé que la tranchée allemande de Steenstraete formait une redoute isolée, alors qu'elle se prolongeait sans interruption vers Bixschoote, avec des coudes, des pointes, des redans qui allaient permettre à l'ennemi de nous prendre à la fois de face, d'écharpe et de flanc.

Il est possible d'ailleurs que cette orga-

nisation formidable fût une œuvre toute
récente et que le reliement des tranchées
eût été exécuté dans la nuit même. On se
doutait bien de quelque chose dans nos
rangs : pour ne pas déconforter leurs troupes
les officiers gardaient le sourire, le commandant de Kerros haussait d'un ton sa
belle voix métallique, mais la plupart se
sentaient perdus. Des souvenirs classiques
s'éveillaient en eux à cette minute suprême
de leur destinée. L'un d'eux, tourné vers
l'ouest, dans la direction de la patrie, pro-
nonçait en partant : *Ave, Gallia, morituri te
salutant.* Son ordonnance lui demandant
s'il fallait apprêter la cantine : « Ne t'en
occupe pas, répondait comme Léonidas le
lieutenant de vaisseau Feillet. Ce soir nous
souperons chez Pluton. » Et le capitaine
Barthal, plus sombre, à un de ses camarades qui lui souhaitait bonne chance, répondait évasivement : « On verra ! »

CHARGE DE MARINS DANS LES BETTERAVES

Mais les hommes, avides de s'élancer, visitaient fiévreusement les magasins de leurs lebels. Le tir de l'artillerie, très violent et bien réglé, semblait-il, les avait mis en belle humeur ; ils croyaient qu'après cette préparation méthodique, la prise de la Grande-Redoute ne serait qu'un jeu ; ils pensaient tomber sur les premières lignes ennemies avant que les Allemands les eussent regarnies. Leur illusion fut courte : le bataillon de Kerros, soulevé comme une vague hors de la tranchée, dès que notre artillerie avait allongé son tir, était accueilli par une décharge générale. Prise sous cette fusillade, la 8ᵉ compagnie (capitaine Ravel), qui attaquait de front, appuyée à droite par la section de mitrailleuses de l'officier des équipages Noblanc, sa gauche (enseigne Bastard) sur la route de Dixmude, s'arrêta au bout de deux bonds et se défila dans un fossé aménagé la veille par son chef, où

elle attendit que les progrès de la 5ᵉ et de
la 7ᵉ compagnie lui permissent de faire un
nouveau bond. Aussi bien lui avait-il été
recommandé de ne pas s'engager à fond,
car on savait par expérience la Grande-Redoute inabordable de ce côté, et de ne faire
qu'une simple démonstration pour tromper
l'ennemi sur les intentions des compagnies
Barthal et Feillet chargées de couper l'ouvrage en s'emparant du boyau qui le reliait
à Bixschoote. Une quatrième compagnie
restait en réserve d'attaque au bord du canal
avec l'enseigne Goudot; mais son chef provisoire, l'enseigne Lartigue, qui remplaçait
le capitaine Pinguet, exempt de service, et
qui possédait une connaissance approfondie
du terrain, avait été joint à l'aile mar-
chante de la compagnie Feillet avec mission de la guider et de retourner aussitôt
près du commandant de Kerros pour lui
rendre compte de la situation.

Tout de suite elle fut grave : à peine les compagnies déployées, « des centaines de fusées éclairantes convergent des tranchées allemandes, en même temps qu'une fusillade nourrie s'allume », et le pis est que cette fusillade ne part pas seulement des tranchées de Steenstraete et de Bixschoote, mais de tout le boyau qui les relie et qui a été fortement organisé par l'ennemi. L'enseigne Lartigue, avec la section de droite de la compagnie Feillet, se lance « le long de la petite route pour occuper une maison isolée qui prendrait l'attaque de flanc à courte distance, si elle recélait une mitrailleuse. » Les balles, à cet endroit, sont si denses qu'on a l'impression physique de refouler un courant. La section parvient cependant jusqu'à la maison, qui est vide, mais battue d'un tel feu qu'il faut l'évacuer aussitôt et revenir vers le gros de la compagnie. La fausse attaque de Ravel avait eu du

moins pour résultat de soulager un peu nos
ailes qui étaient arrivées en quelques endroits jusqu'aux fils de fer ; la compagnie
Feillet avait même fait quatre prisonniers
dans un poste d'écoute, — « des Mecklembourgeois très proprement vêtus et non
couverts de boue », preuve que l'ennemi
s'était toùt nouvellement renforcé (1) —
et, un moment, de nos lignes, on put
croire que l'attaque avait réussi : sur
le parapet de la tranchée allemande, des
silhouettes de marins venaient de surgir
qui semblaient faire signe aux nôtres. Par
quel coup d'audace ces hommes étaient-ils
entrés là? On se le demandait. Et déjà
les marins qui rampaient dans la direction de la Grande-Redoute commençaient
à se lever et à crier : « Victoire! » A ce
moment, suivant certains témoignages (2),

(1) Carnet du commandant B...

(2) « Dans une tranchée boche se trouvaient des

du groupe énigmatique partit une voix :

— N'approchez pas, les gars, nous sommes prisonniers !

C'était un piège des Boches, qui avaient gardé ces hommes dans la tranchée depuis l'attaque du 17.

S'il fallait accepter cette version, l'histoire regretterait de ne pas connaître le nom du héros qui prévint ainsi ses camarades et qui paya sans doute de sa vie cet acte à la d'Assas. Mais il semble bien que les choses se soient passées moins dramatiquement et que la 5ᵉ et la 7ᵉ compagnie, qui avaient fait presque sans pertes un bond de 200 mètres, soient tombées tout à coup sous des feux violents de front et de

marins prisonniers. On les avait forcés à se lever, tandis que les Boches se cachaient. L'un d'eux eut le courage de crier : « N'approchez pas, les gars, nous sommes prisonniers. » Ils avaient été faits prisonniers le 17 et gardés à cet effet dans les tranchées boches. » (Jean Cavan : Note sur l'attaque du 22)

flanc : la Grande-Redoute, qu'elles espé-
raient tourner, était continue (1). Avec

(1) « En avant du pont de Steenstraete notamment, la route était prise d'enfilade par des mitrailleuses, installées dans la Grande-Redoute boche qui
la barrait à 300 mètres de là. Pour les contrebattre,
j'essayai de me porter avec une mitrailleuse dans un
fossé parallèle, qui était vraisemblablement une
ancienne tranchée boche. Je parvins jusqu'au fossé,
mais la plupart de mes hommes étaient tombés en
route, et la mitrailleuse avec eux. » (Récit du quartier-maître Alain Bothorel.) Ajoutons que ce quartier-
maître, promu second maître à cette occasion pour être
allé installer seul sa mitrailleuse sous le feu ennemi
et l'avoir ramenée avec son pivot, appartenait à la
compagnie des mitrailleuses du 2ᵉ régiment commandée par le lieutenant de vaisseau Michel qui, le 10 novembre, par une habile manœuvre, avait sauvé sa
compagnie en la faisant se porter à 50 mètres en deçà
du cimetière : partie avec lui, partie avec le maître
Cocheril, dans une maison où elle mit en batterie au
premier étage et eut le temps, avant de se défiler par
un trou pratiqué dans le mur, de faucher trois sections ennemies, la compagnie rentra dans nos lignes
sans avoir fait aucune perte en hommes et en matériel,
à l'exception du deuxième maître Caroff, disparu.

la folie du désespoir, nos hommes se jetèrent quand même à l'assaut : presque partout ils se heurtaient à un inextricable réseau barbelé. Dans la cendre du petit jour, à coups de crosse, ils essayaient de s'ouvrir un chemin au travers de ces fils résistants, « gros comme le doigt », et que notre artillerie avait à peine endommagés, sauf sur la droite, « où des fils avaient été coupés et par où quelques-uns d'entre eux pénétrèrent dans la tranchée ». Mais, « pris en enfilade par une mitrailleuse qui se démasqua, ils furent tués ou faits prisonniers, » et ce sont ces prisonniers que l'ennemi, pour nous tromper (1), aurait fait monter sur le parapet. Le commandant de Kerros

(1) Ou, plus probablement et suivant l'odieuse coutume boche, pour arrêter le feu de notre artillerie qui commençait à devenir gênant. Les prisonniers en effet, d'après le lieutenant de vaisseau D..., étaient « promenés bien en évidence sur le parapet, sans armes et sans capote. »

lui-même, qui se trouvait avec l'adjudant-major Lefebvre dans la maison la plus avancée de la tête de pont, d'où il dirigeait l'attaque, donna dans le piège et venait d'envoyer l'ordre à la compagnie Ravel de se déployer, quand il reconnut son erreur : des casques à pointe étaient apparus derrière les bérets. Il fit crier à Ravel par son adjudant-major : « Ne bougez pas. Ce sont des prisonniers. » Ravel s'en était aperçu déjà. La prétendue victoire tournait au désastre : la plupart des assaillants, qui n'avaient pu pénétrer dans la tranchée, s'étaient empétrés dans le réseau des fils de fer ; Barthal, l'enseigne Sol, blessés, avaient disparu. L'officier des équipages Le Bolès ramena en arrière comme il put les débris de la 7ᵉ compagnie. De celle du lieutenant de vaisseau Feillet, il ne restait plus que 35 hommes et lui-même, quand une balle, à huit heures du matin, le frappa à la tête en rentrant dans la tranchée. Outre les chefs des deux compagnies, l'enseigne Sol, l'officier des équipages Raoul, les sous-officiers Julia et Ruet, tués ou portés comme disparus, les lieutenants de vaisseau Lartigue (blessé pour la deuxième fois) et Ravel (atteint de quatre balles), le premier maître Laurent, faisant fonction d'officier des équipages, étaient hors de combat et devaient quitter la brigade (1). Nos ambulances

(1) « Lartigue, appelé par l'amiral, revenait à son poste, quand il fut frappé d'une balle qui lui cassa un bras. Un artilleur qui l'accompagnait et réparait la ligne téléphonique, Dupont, fut tué en même temps. (Carnet du commandant B...) — « Ravel m'arrive à huit heures le soir. Blessure au ventre ; rien de grave, quoique ce soit une belle plaie de sortie. Balles dans la main droite... Il a passé la journée à plat ventre dans la boue avec sa compagnie. Toujours gai, il est très content. » (Carnet du docteur T... à la date du 22 décembre.) — « L'officier des équipages Raoul est tombé grièvement blessé. On le voit de nos tranchées. Mais pourra-t-on le ramener ? » (Carnet du commandant B...) — Le premier maître

regorgeaient : en moins de deux heures, nous avions perdu « presque entièrement deux compagnies (1). » Seule, la compagnie Ravel s'en tirait avec quatre tués et douze blessés.

Dès huit heures du matin, l'attaque était enrayée, l'échec complet. Mais ce ne fut qu'à la nuit que la compagnie Ravel, terrée tout le jour dans son fossé, put regagner nos lignes. La 9e compagnie, à son poste de soutien, était elle-même copieusement arrosée d'obus et de balles. Ses pertes restaient faibles cependant : deux tués et quatre bles-

Laurent (Édouard), déjà blessé au genou gauche le 10 novembre, décoré de la médaille militaire le **20**, avait passé à la **12e** compagnie en qualité d'officier des équipages à titre temporaire. Blessé de nouveau à l'œil droit le **22** décembre, il était évacué et si peu guéri cependant de sa première blessure qu'on devait procéder à la résection du genou et à l'ablation de la rotule.

(1) Boissat-Mazeral, lettre du **23** septembre **1914**.

sés. Mais les hommes exténués, grelottant de froid, n'en pouvaient plus. Il pleuvait. Stoïques, pour se réchauffer, le lieutenant de vaisseau Béra et l'enseigne Poisson avaient engagé un débat philosophique; mais, de leur aveu, la chaleur de la discussion constituait un calorique insuffisant : Zénon n'avait pas prévu les tranchées de Steenstraete.

Dès qu'il le put, l'amiral (1) fit rentrer tous ses hommes. Les bataillons de Kerros et Bertrand regagnèrent leurs cantonnements. Une tristesse pesait au souvenir de tant de

(1) « L'amiral, accompagné du commandant d'infanterie Louis et d'un enseigne de vaisseau, se tenait pendant l'attaque au poste de commandement situé dans le nord-ouest de Steenstraete, dans les ruines d'un moulin marmité, près d'une autre ruine qui avait été une auberge à l'enseigne d'*In den Herberg Molen*, et c'est là qu'il comprit la vanité de ces tentatives, exécutées avec des moyens insuffisants. » (Carnet du lieutenant de vaisseau D...)

camarades dont le sacrifice, sans doute glorieux, n'avait servi qu'à révéler la formidable organisation des tranchées allemandes. Résumant l'impression générale
sur ces tranchées, le docteur Taburet écrivait : « Ce sont de véritables places fortes,
contre les pare-balles d'acier desquelles l'artillerie ne peut rien ou à peu près. » Et le
pessimisme héroïque de l'enseigne Boissat-
Mazerat se confirmait : « J'ai l'impression
que la guerre telle qu'on la fait présentement peut durer indéfiniment. Le premier
qui s'ennuiera, abandonnera. » Quant à la
brigade, ce dernier coup semble l'avoir
achevée : « Elle va périr d'inanition. Son
effectif est déjà réduit de moitié et, ces
temps-ci, nous perdons de 2 à 300 hommes
tous les trois jours. Les malheureux sont
d'ailleurs exténués. Dans un mois la brigade
aura vécu, après avoir dévoré le total au
moins de son effectif en hommes et deux

fois ou plus en officiers. Mais elle aura rendu des services énormes que nul ne peut lui contester. Et, si Dieu nous prête vie, c'est encore sur quelque bateau que nous continuerons la guerre. »

XI

L'ÉPUISEMENT

L'enseigne Boissat n'était que trop bon prophète, mais il anticipait un peu sur les dates, et la brigade, avant sa dislocation, devait connaître encore d'autres fastes — et d'autres misères.

Pour le moment néanmoins, on sentait qu'il était impossible de lui demander un nouvel effort immédiat : ses éléments de résistance étaient à bout. Les ambulances ne désemplissaient plus : la vie des tranchées est affreuse partout; ici elle était particulièrement lugubre. Sur le carnet d'un officier de la brigade, on lit : « Il n'est pas un officier, pas un homme de la brigade qui ait autant souffert que pendant ce mois de décembre. Dixmude fut un enfer, et tous cependant aimeraient mieux recommencer un nouveau Dixmude qu'un nouveau Steenstraete. » Seuls peut-être de toutes les unités sur le front, les fusiliers marins, depuis le commencement de la campagne, n'avaient pas cessé d'être en action ou en cantonnement d'alerte. Et leur service était plus chargé que celui des autres troupes. Les officiers s'en plaignaient, moins pour eux que pour leurs hommes. « Alors que la ligne fait deux jours de tranchée et deux jours de repos, écrivait, le 8 décembre, l'enseigne Boissat-Mazerat, notre programme est six jours de tranchées, un jour de repos. » L'amiral ne pouvait rester indifférent à ces plaintes : comptable de ses hommes, il demanda pour eux, non un régime de faveur, mais simplement l'application du droit commun ; il fit valoir que, dans l'état d'épuisement où se trouvait la brigade, il n'était pas équitable de lui imposer un service plus pénible qu'aux unités voisines.

Le général Hély d'Oissel s'honora en accueillant cette réclamation qui devait entraîner la réduction du front confié à la brigade et un renforcement de celle-ci par l'adjonction permanente de 350 cavaliers à pied. Le nouveau front des fusiliers ne partait plus que du pont de Steenstraete pour aboutir à la gauche du 20ᵉ corps. A la faveur de cette décision, l'amiral put organiser son service d'une façon à peu près satisfaisante, — savoir : dans un régiment, un bataillon au front pendant deux jours ; un bataillon en réserve de secteur pendant deux jours, les bataillons se relevant tous les deux jours ; — l'autre régiment au cantonnement pendant quatre jours ; les régiments se relevant tous les quatre jours.

Cependant le quartier général n'avait

pas renoncé à la continuation de l'offensive, qui devait être reprise le 24 décembre, mais montée cette fois par des dragons à pied et deux pelotons cyclistes. L'objectif restait le même : c'était toujours cette Grande-Redoute, chef-d'œuvre de castramétation en rase campagne, dont le type, promptement généralisé par l'adversaire, étendu à tout le front et recevant chaque jour quelque perfectionnement, allait lui offrir la protection permanente d'une sorte de muraille de Chine, de nouveau mur calédonien, mais de mur en profondeur, si l'on peut dire, derrière lequel il pourrait se reconstituer et préparer à loisir son offensive sur le front oriental. L'artillerie des divers groupements devant appuyer l'attaque et les fusiliers marins se tenir en soutien le long du canal, l'amiral donna des ordres en conséquence. Mais, plus libre dans la manifestation de ses sentiments, dès lors que ses hommes n'étaient pas directement en cause, il crut devoir adresser au quartier général une note exposant les raisons de l'échec éprouvé par les fusiliers marins le 22, « raisons qui, à son sens, ne pouvaient manquer de faire échouer l'attaque du lendemain, les conditions du combat demeurant exactement les mêmes ». Cette note, appuyée d'un avis favorable du général Hély d'Oissel, fut transmise au général d'Urbal qui contremanda l'offensive, en attendant d'avoir à sa disposition une artillerie lourde et des munitions suffisantes pour la reprendre avec des chances de succès.

Peut-être, et par la même occasion, apparut-il au commandant de la VIII° armée que, dans l'état d'épuisement où se trouvait la brigade, sa valeur combative avait bien diminué et ne lui était plus d'aucun appoint. Telle était la dépression des

hommes (1), les effectifs fondaient avec tant
de rapidité, que l'amiral avait dû prescrire
de faire emporter par les unités qui allaient
aux tranchées leurs deux jours de vivres
« pour éviter à ces unités les fatigues inhé-
rentes à leur ravitaillement pendant la
nuit. »

Entre temps, nous procédions à la réorganisation de nouvelles lignes de défense à
l'ouest du Kemmelbeke, les anciennes ayant
été quelque peu bouleversées par le « marmitage » ; le génie procédait à des travaux
analogues à l'est des bois de Bosch-Hoek.
Une batterie de 120 long était venue s'installer le 24, derrière Cockhuit-Kabáret,
pour battre Bixschoote et la Grande-Re-

______

(1) « Les hommes sont éreintés. Ce matin (23) la
compagnie en a envoyé 30 à la visite, et, si beaucoup
n'avaient préféré prolonger leur sommeil, le nombre
aurait été sensiblement plus grand. Peu de pieds
gelés cependant, mais rhumatismes, engelures, diar-
rhées. » (Carnet de l'enseigne P...)

doute, mais elle nous quittait presque aussitôt, appelée ailleurs, et l'on se contentait d'envoyer des obus explosifs de 75 sur les tranchées allemandes, après un simulacre d'attaque par les marins. « Il y aura dans la nuit, écrivait le 24 un officier : canon, 3 minutes; fusillade, 3 minutes; canon, 3 minutes. Les Allemands sortent : on les fusille. Personne ne bouge, et le canon achève. C'est simple, — si on réussit. » Cela réussit assez bien, de l'aveu même du sceptique annotateur, qui, le lendemain, parlant de cette « attaque pour rire », devait reconnaître que nos adversaires au moins n'avaient pas dû gouter la plaisanterie. « On les voyait sauter en l'air, disaient les assistants, sous la poudre du 75 (1). »

Hélas! ces simulacres d'attaque, c'est tout ce dont nous étions capables pour le

____

(1) Cf. carnet de route du docteur T...

moment. Les officiers et les gradés « tenaient encore » par un miracle de volonté ;
les hommes, plus faibles, plus jeunes,
s'abandonnaient, appelaient, comme une
libératrice, la balle qui mettrait un terme à
leurs souffrances (1). Sous peine de « rester
bien vite seul avec *ses* lieutenants » , l'enseigne D... était obligé de se raidir, de repousser en bloc toutes nouvelles demandes
d'évacuation vers les postes de secours.
Malgré tout, le chiffre des exempts de service atteignait un « total si impressionnant »
le 26 décembre, qu'afin de désencombrer un
peu les ambulances et les infirmeries régimentaires de la brigade, l'amiral décida de
conserver le dépôt des éclopés de Saint-Pol,
dont la suppression était prévue pour le 28.

(1) « L'un d'eux, qui grelotte et a les larmes aux
yeux, me répond : « C'est dur tout de même. J'aime-
rais mieux recevoir une balle tout de suite. » (Enseigne D.. , *Impressions de guerre.*)

La Noël se passa au milieu de ces tris-
tesses. Rien autour de nous ne rappelait la
douce nuit chère aux chrétiens. Seule, la
température s'était conformée à la tradition : le baromètre marquait — 8°. Il avait
légèrement neigé la veille; la nuit « était
lumineuse et claire et la plaine toute blanche (1) » , mais cette blancheur, aussi loin
que la vue s'étendait, était « semée de
points noirs, cadavres français — ou gris,
cadavres boches (2) » . Lugubre décor pour
un réveillon ! Et cependant il y avait comme
une détente dans les âmes. Puis, des cadeaux
étaient venus de l'arrière. Dans la tranchée
du jeune Maurice Faivre, l'enseigne Boissat-Mazerat contait d'hilarantes anecdotes;
le lieutenant de vaisseau de Roucy, « déli-
cieux petit capitaine qu'on s'attend à voir
en perruque poudrée à la française, donnait

(1) Maurice Faivre, lettre du 31 décembre 1914.
(2) Boissat-Mazerat, lettre du 27 décembre 1914.

son mot » ; une voile « servait de toit »
comme à bord et sous ce toit improvisé,
devant « un feu à rôtir un bœuf (au mépris de toute prudence) » , l'escouade savou-
rait un « chocolat à la glace fondue » .

Les tranchées voisines n'étaient pas
moins favorisées. Un peu partout, les officiers avaient fait d'amples distributions
d'effets chauds, tabac, bonbons et autres
menues friandises de Noël. Les Boches, de
leur côté, enfouis dans leur ripaille, semblaient ne plus songer à la guerre, car ils
n'attaquèrent pas, ils suspendirent même le
bombardement. Ils chantèrent jusqu'au
matin. Après quoi, dans un ciel léger, lavé
de toutes ses souillures et d'une innocence
enfantine, le soleil se leva et, avec lui, l'espoir au cœur des hommes. Pour la première
fois, l'aumônier de la brigade put célébrer
sa messe sans l'habituel accompagnement
du canon. L'autel occupait le fond d'une

grange ; c'était presque le décor évangélique, avec sa litière de paille, d'où nos
Jean Gouin s'étiraient, les paupières bouf-
fies, au coup de sonnette de l'officiant. Un
déjeuner plantureux couronna la fête. Dans
l'après-midi le temps se gâta : la trêve de
Noël était close, le ciel se rembrumait et,
de la paille chaude des granges, il fallait
passer sans transition à l'humidité des tranchées, de l'églogue évangélique aux scènes
de massacre et de charnier.

Il y avait surtout, devant notre première
ligne, un chapelet d'une quinzaine de cadavres, des marins presque tous, surpris
par une rafale de mitrailleuse dans la position de tirailleurs couchés. Il n'avait pas
été possible jusque-là d'aller les chercher :
si nos obus bousculaient ses tranchées, l'ennemi ne ménageait pas davantage les nôtres.
« Le matin [du 27], alerte brusque sur le
front de la 11ᵉ [compagnie] : un tireur

boche frappe successivement trois hommes,
dont le maître fusilier Rouault (1) », excellent gradé qu'au *Borda*, pour son emphase
un peu gasconne, on avait surnommé Cy-
rano et qui sut mourir simplement, comme
un Breton. L'ennemi se tut après une
riposte et, au cours de la nuit qui fut calme,
on réussit à enlever quelques cadavres et à
continuer un bout de tranchée.

Le lendemain 28 marque une date pour
la brigade : le « colonel » Delage, toujours
prêt à s'exposer et qui a pour principe « de
tout voir par lui-même », vient surveiller
jusqu'en première ligne l'installation d'un
téléphone qui doit relier son poste de commandement aux tranchées de la rive droite.
Nous n'avions jusque-là, pour communiquer avec cette rive, que des hommes de
liaison. Pour la première fois aussi, les

(1) Carnet de l'enseigne C. P...

fusiliers reçurent des fusées éclairantes et des grenades à main. Tout cela était nouveau pour eux. Et ils n'étaient pas au bout de leurs surprises ! Le même jour ils apprenaient que le groupement Hély d'Oissel était supprimé et que la brigade, qui perdait les deux batteries à cheval de la 7ᵉ division de cavalerie, passait sous les ordres du général Balfourier, commandant du 20ᵉ corps, ainsi que les 87ᵉ et 89ᵉ divisions territoriales. Ces changements en annonçaient un autre plus important : le 29, l'amiral recevait avis que la brigade allait être relevée par des unités du 79ᵉ d'infanterie et envoyée en réserve dans la zone Linde-Oostvleteren.

XII

LE MIRACLE DU DRAPEAU

Il était temps. Les bourrasques des journées précédentes, la fange, la fièvre, la dysenterie, les pneumonies, le gel avaient achevé
les hommes. Sans doute ce n'était pas encore
le repos souhaité : la brigade demeurait en
cantonnement d'alerte ; si elle remontait un
peu vers le nord, elle restait toujours à
portée de l'ennemi, puisque le 2ᵉ régiment
devait cantonner à Oostvleteren, le 1ᵉʳ partie
à Linde, partie à Esseldamme. En route nos
troupes assistent à un émouvant duel d'aéroplanes entre un Anglais et un Allemand :
l'avion anglais pique brusquement, mais
finit par regagner nos lignes. Le bataillon

Mauros, qui forme l'arrière-garde (1), a encore deux compagnies en réserve. Elles sont relevées dans la nuit du 30 au 31 et il arrive à son tour au cantonnement, où la brigade s'installe pour remettre en état ses unités.

1er janvier 1915 : la nouvelle année éclôt dans la pluie et le vent. Elle naît comme elle mourra, mais nous ne voulons pas en croire ce maussade augure : des promesses de victoire claquent dans les plis des drapeaux qu'on a suspendus à la porte de la

(1) « Arrivé le premier au pont de Steenstraete, c'est encore le 3e bataillon du 2e régiment qui quitte le dernier ce séjour abominable. Cinq minutes après avoir serré la main et dit adieu à nos successeurs, une fusillade épouvantable part des lignes allemandes et nous surprend, le commandant Mauros, nos fourriers et nos hommes de liaison, à découvert, en rase campagne. Personne n'est touché par miracle. A ce moment nos 75 ouvrent un feu roulant sur les tranchées ennemies et, au bout de dix minutes, la fusillade boche s'éteint. » (Carnet du lieutenant de vaisseau D...)

pauvre église de campagne où l'aumônier Pouchard doit célébrer l'office. Cette guerre triste et dure, commencée dans l'angoisse, poursuivie dans l'épreuve, la parole du bon prêtre nous donne l'assurance qu'elle finira dans la joie. Et la confiance renaît au cœur des hommes.

« Pour le moment, écrit l'un d'eux à sa sœur (1), je ne suis pas malheureux... Un de ces jours, nous devons aller au repos en France, à Dunkerque, pour nous reformer, car, je t'assure, il ne reste plus guère des anciens au régiment. Il faudrait avoir un tempérament de cheval pour résister quand nous sommes aux tranchées. Personne ne voudrait le croire comme nous sommes malheureux. Figure-toi, chère Augustine, qu'il tombe de l'eau tous les jours, et l'on est dans la boue au ras des genoux, sans

(1) Lettre du fusilier A..., 1ᵉʳ janvier 1915.

pouvoir bouger, car, si l'on fait un mouvement, on gêne son camarade. Alors, pense
qu'il faut rester quarante-huit heures
comme cela! Pas d'abri pour se couvrir.
Mais vois-tu, aujourd'hui, Jour de l'an,
toute notre misère est oubliée, nous sommes
tous contents, surtout de savoir que l'on
rentre en France. Je t'assure que l'on a
bien gagné un peu de repos, car il n'y a
pas de régiment qui a trinqué comme nous,
les chasseurs à pied et les tirailleurs algé-
riens. Sur 12 000 marins que l'on était
entre les relèves qu'il y a eu, nous sommes
3 800 en tout. »

A peine si quelque exagération est sensible dans ces derniers chiffres. Une se-
maine encore s'écoula. Enfin, le 8 janvier,
la brigade partit en autobus, comme elle
était venue, dans la direction de Saint-Pol
et de Fort-Mardyck. Le bruit courait que
les hommes, suivant l'amusante expression

marine, allaient « toucher » un drapeau (1) ; on disait même que c'était le Président de la République en personne qui le leur remettrait, mais, jusqu'à la veille de la cérémonie, on ne savait où ni quand elle se tiendrait. Elle eut lieu le 11, à Saint-Pol, sur le terre-plein du champ d'aviation.

Dès sept heures du matin, la brigade était rassemblée en lignes de colonne de compagnie, les deux régiments se faisant face, la compagnie de mitrailleuses, plus les trois mitrailleuses ennemies conquises à Steenstraete, formant le côté du rectangle opposé à la route par laquelle on attendait le cortège présidentiel. Les baïonnettes « brillaient au soleil ». A neuf heures « sonne le garde à vous (2) ! » Le Président sort

____

(1) « Il est question que nous devons toucher un drapeau. » (Journal du fusilier Maurice Oury.) Ce drapeau était offert à la brigade par la ville de Lorient.

(2) Journal du fusilier Maurice Oury.

de son auto, suivi du ministre de la Marine
Augagneur et des généraux. Il passe lentement devant le front des troupes, gagne le
milieu du carré et présente le drapeau. Sa
voix, « forte et bien timbrée », dit un
témoin (1), portait jusqu'aux extrémités de
l'esplanade. A la fin de son allocution, il
remit le drapeau à l'amiral, qui le tendit
au colonel du 2ᵉ régiment; puis, la brigade
se massa en lignes de section par quatre et
défila devant le Président avec ses trophées,
tandis que des avions s'élevaient à contre-
vent et décrivaient leurs orbes au-dessus
du cortège.

C'est que cinq taubes, la veille, avaient
survolé Saint-Pol. Bien que la visite du Président eût été tenue secrète, ils en étaient
informés : ils connaissaient le jour, l'heure,
le lieu et, dans le papier qu'ils lancèrent

(1) Carnet de l'enseigne C. P... « Ce fut l'enseigne
de Villers qui fut désigné comme porte-drapeau. »

avec leurs bombes, ils prirent soin de nous avertir qu'ils s'invitaient à la fête.

On les attendait, mais aucun taube ne parut. La fête se déroula sans incident, et la seule surprise de la journée fut donnée par nos Jean Gouin, fiers de l'honneur qu'ils recevaient et qui voulurent s'en montrer dignes : au lieu d'une troupe fatiguée, à bout de souffle, ils présentèrent à leurs visiteurs le spectacle inattendu d'une formation manœuvrière de premier ordre. Merveilleux ressort du tempérament marin ! Les spectres de la veille, les revenants de Melle, de Dixmude et de Steenstraete étaient déjà « parés » pour de nouvelles aventures.

Moins de quinze jours plus tard, radoubée, gréée de frais, la brigade navale mettait le cap sur Nieuport.

APPENDICE

I

LES PROMOTIONS DE STEENSTRAETE (1)
(Extraits du Journal officiel.)

Sont inscrits aux tableaux spéciaux de la Légion d'honneur et de la médaille militaire (arrêté ministériel du 15 janvier), les officiers, officiers-mariniers et marins dont les noms suivent :

BRIGADE DES FUSILIERS MARINS
Pour la croix de chevalier :

(Pour prendre rang du 3 décembre 1914.)

M. DONVAL, médecin de 1re classe à l'ambulance n° 1 de la brigade de fusiliers marins : figurait au tableau de concours de 1914. S'est acquis de nouveaux titres par les services rendus depuis le début de la campagne.

M. DECROOTE, médecin de 1re classe de réserve à l'ambulance n° 2 de la brigade de fusiliers marins : figurait

---

(1) Nous comprenons sous ce titre les promotions allant du 10 novembre 1914 (exclu) au 15 janvier 1915 et se rapportant aux opérations devant Dixmude et à Steenstraete.

au tableau de concours de 1914. S'est acquis de nouveaux titres par les services rendus depuis le début de la campagne.

M. Le Doze, officier d'administration de 1re classe du commissariat et de santé à l'ambulance n° 1 de la brigade de fusiliers marins : figurait au tableau de concours de 1914. S'est acquis de nouveaux titres par les services rendus depuis le début de la campagne.

Pour la croix d'officier :

(Pour prendre rang du 30 décembre 1914.)

M. Bonelli, lieutenant de vaisseau : a enlevé deux tranchées à l'ennemi à 200 mètres des tranchées principales. Blessé au cours de l'action.

Pour la croix de chevalier :

M. Bioche, enseigne de vaisseau de 2e classe : blessé en se portant avec sa section sur une position battue par les mitrailleuses ennemies.

M. Pitous, lieutenant de vaisseau : blessé en se découvrant pour observer la position ennemie, a pu donner, malgré sa blessure, les indications les plus précieuses ; a toujours eu dans les affaires précédentes la plus belle attitude au feu.

M. Viaud, enseigne de vaisseau de 1re classe : grièvement blessé en menant sa section à l'assaut d'une tranchée.

M. Gessiaume, premier maitre de manœuvre : adjudant de bataillon, a rempli le 17 décembre plusieurs missions périlleuses sur la ligne de feu. A toujours montré depuis le début de la campagne les plus belles qualités militaires dans les nombreuses affaires auxquelles il a pris part.

M. Boissat-Mazerat, enseigne de vaisseau de 1re classe : placé en flanc-garde, a été blessé, est resté à son poste et a conservé toute la journée la position qui lui avait été assignée.

(Pour prendre rang du 2 janvier 1915.)

M. RAVEL, lieutenant de vaisseau de réserve : blessé quatre fois à l'attaque du 22 décembre, est resté jusqu'au soir avec sa compagnie qu'il a ramenée.

M. ARNOULD, médecin de 3ᵉ classe auxiliaire : s'étant déjà signalé pour son dévouement actif et courageux, a, le 17 décembre, organisé sous le feu une petite ambulance où il a sauvé d'une mort certaine vingt blessés et assuré leur évacuation. Bien qu'un obus ait détruit son ambulance, il ne l'a quittée qu'après s'être assuré qu'il n'y restait aucun blessé à soigner.

Pour la croix d'officier :
(Pour prendre rang du 7 février 1915.)

M. DUVIGEANT, commissaire en chef de 2ᵉ classe. Rend les plus grands services à la brigade comme chef des services administratifs; déjà titulaire de neuf propositions; vient d'être blessé en service commandé par une bombe d'aéroplane.

Pour la croix de chevalier :

M. BELLAY, enseigne de vaisseau de 1ʳᵉ classe. S'est distingué à différentes reprises à la tête de sa section de mitrailleuses par son calme, son énergie, et a montré les plus belles qualités de commandement; a été grièvement blessé dans sa tranchée.

Pour la croix d'officier :
(Pour prendre rang du 8 avril 1915.)

M. BERTRAND (E.-J.-L.-J.), capitaine de frégate, commandant le 3ᵉ bataillon du 1ᵉʳ régiment de fusiliers marins; 32 ans de services, 26 ans 4 mois à la mer. Chevalier du 11 juillet 1899. Officier très dévoué à son devoir. Commande bien son bataillon depuis le début de novembre.

Pour la croix de chevalier :

M. Béra (J.-J.-L.), lieutenant de vaisseau de réserve, capitaine d'une compagnie de fusiliers marins. Commande une compagnie depuis le 1er novembre. A pris part depuis à tous les combats de la brigade. Officier calme, énergique, très maître de lui, possède toute la confiance de ses hommes.

M. Michel (R.-C.-L.), lieutenant de vaisseau commandant la 5e compagnie du 1er régiment de marins, 16 ans de services. Est inscrit au tableau normal. Officier remarquable comme énergie et courage. A pris une part brillante à toutes les opérations de la brigade. Occupait un poste très dangereux, constamment attaqué.

M. Deleuze (E.-E.), lieutenant de vaisseau commandant la 10e compagnie du 2e régiment de marins, 16 ans de services. Officier très complet, déjà proposé pour sa participation à l'attaque des tranchées du 17 décembre, où il a montré un entrain remarquable et pris deux mitrailleuses.

(Pour prendre rang du 5 juillet 1915.)

M. Tassel, enseigne de vaisseau de 1re classe. Sert à la brigade de fusiliers marins depuis sa formation en qualité de chef d'une section de mitrailleuses. Officier énergique, courageux et capable. A beaucoup contribué personnellement à l'échec d'une attaque allemande sur le pont de Dixmude dans la nuit du 10 au 11 novembre 1914.

(Pour prendre rang du 23 novembre 1915.)

Le premier maître fusilier Mobice : le 10 novembre 1914, a contribué à défendre avec sa section une barricade jusqu'à la dernière extrémité. Le 17 décembre 1914, a fait preuve des plus belles qualités militaires en se portant. avec sa section, sur une position battue par les mitrailleuses, où il a tenu jusqu'au moment où il a été grièvement blessé. Impotence fonctionnelle de la jambe gauche et de l'avant-bras droit.

(Pour prendre rang du 8 décembre 1915.)

M. Lanticue, lieutenant de vaisseau : officier très brave et très énergique. Blessé une première fois, est resté à son poste ; a été blessé une seconde fois ; est revenu après guérison, montrant toujours les plus belles qualités militaires et morales.

(Pour prendre rang du 15 décembre 1915.)

M. Mazex, enseigne de vaisseau de 1re classe : brillant officier, a montré au feu les plus belles qualités le 10 novembre 1914 ; à Dixmude, se trouvant dans une tranchée complètement enveloppée, a remis lui-même en action une mitrailleuse dont l'armement était anéanti, permettant ainsi le dégagement de sa troupe. Cité à l'ordre de l'armée pour sa conduite à l'assaut du 17 décembre.

(Pour prendre rang du 17 décembre 1915.)

M. Pouchard, aumônier du 1er régiment de fusiliers marins pendant toute la campagne ; a fait preuve, dans l'accomplissement de son ministère, d'un dévouement, d'une activité, d'un mépris du danger qui ont été pour les hommes un précieux réconfort. Cité à l'ordre de l'armée pour sa conduite pendant la journée du 17 décembre 1914.

18

Pour la médaille militaire :

(Pour prendre rang du 17 décembre 1914.)

Le Goff, second maître de manœuvre : s'est présenté comme volontaire pour une reconnaissance de jour prescrite par l'amiral. A dirigé cette reconnaissance, très périlleuse étant donné les circonstances.

Moallic, fusilier breveté : volontaire pour une reconnaissance de jour, blessé, est resté sur place. A reçu le feu des tranchées allemandes pendant le reste de la journée. A regagné sa compagnie pendant la nuit, malgré sa blessure.

Leneveu, matelot sans spécialité : volontaire pour une reconnaissance, blessé.

(Pour prendre rang du 20 décembre 1914.)

Labia, fusilier breveté réserviste : en allant porter un ordre à une compagnie engagée, comme agent de liaison, a fait plusieurs prisonniers et trouvé une mitrailleuse sous des cadavres allemands dans une tranchée.

(Pour prendre rang du 30 décembre 1914.)

Le Boulanger, second maitre de timonerie : grand sang-froid au feu, blessé en conduisant sa demi-section au feu.

Bothorel, quartier-maitre fusilier : a fait preuve du plus grand courage en installant tout seul sa mitrailleuse sous un feu violent de mitrailleuses. Ce quartier-maitre donne d'ailleurs constamment l'exemple de la bravoure la plus calme et de la discipline la plus parfaite.

Kermagoret, second maitre fusilier : belle conduite pendant le combat du 17 décembre, où il a été grièvement blessé.

LANGLOIS, quartier-maître fusilier : a entraîné brillamment son escouade à l'assaut d'une tranchée; blessé à l'assaut.

GUILLEMIN, fusilier breveté : toujours au premier rang pour missions délicates; blessé en portant secours à son chef de section.

DUHAMEL, fusilier breveté : blessé en portant un ordre; grand sang-froid habituel.

CHEVALIER, maître boulanger-coq : étant blessé au pied, a réussi à porter un ordre important au point le plus menaçant de la ligne.

(Pour prendre rang du 21 septembre 1915.)

MAURICE, matelot sans spécialité : grièvement blessé le 17 décembre 1914 à son poste de combat au cours d'un violent bombardement. S'est toujours montré plein de courage et d'entrain.

CHAMPOT, matelot de 3ᵉ classe sans spécialité : très actif, énergique. Grièvement blessé au genou le 29 décembre 1914, en se portant au secours de son lieutenant Amputé d'une cuisse.

(Pour prendre rang du 24 octobre 1915.)

GOURIOU, matelot de 1ʳᵉ classe, fusilier breveté : belle conduite au feu, grièvement blessé le 22 décembre 1914, amputé du bras droit.

SALSON, matelot sans spécialité : grièvement blessé en se lançant à l'assaut pour aller délivrer ses camarades prisonniers. Paralysie radiale du bras gauche.

(Pour prendre rang du 12 novembre 1915.)

KERNÉNÈS, quartier-maître mécanicien. Excellent chef d'escouade, énergique, plein d'entrain et de mordant.

Belle attitude au feu. Grièvement blessé le 18 décembre 1914. Énucléation de l'œil gauche.

Hélias, matelot sans spécialité. Excellent serviteur, courageux et dévoué. Grièvement blessé le 17 décembre 1914. Ankylose de l'épaule et de l'avant-bras droits.

(Pour prendre rang du 8 décembre 1915.)

Coat, second maître de manœuvre à la brigade du 6 août 1914 : très bon serviteur, d'excellente tenue. Le 17 décembre 1914, tous les officiers de sa compagnie étant tués ou blessés, a rallié ses hommes.

Trébern, matelot sans spécialité : brancardier, a fait preuve en toutes circonstances d'un grand courage et d'un dévouement absolu pour les blessés. Se proposait toujours le premier dans les divers engagements pour aller relever sur le champ de bataille, notamment les 17 et 22 décembre et le 9 mai. Déjà cité à l'ordre du régiment. Très grièvement blessé le 28 août à la tranchée.

Guinamant, quartier-maître électricien temporaire : dans les offensives de Steenstraete (17-22 décembre), a montré une grande bravoure et un grand dévouement en allant sous un feu ennemi très nourri chercher avec un de ses camarades six blessés tombés en avant des lignes. Les a rapportés sur son dos en se traînant dans la boue, après avoir fait un prisonnier qu'il a ramené avec lui.

Toutes ces décorations comportent l'attribution de la croix de guerre avec palme.

CITATIONS A L'ORDRE DE L'ARMÉE

Prutze (E.-E), lieutenant de vaisseau : a conduit l'attaque le 17 décembre contre les tranchées ennemies, a montré un entrain et une science militaire remarquables ; a enlevé les premières tranchées et pris deux mitrailleuses.

REYMOND (H.), lieutenant de vaisseau : s'est porté avec sa compagnie pour établir la liaison sur la ligne de feu entre les marins et le corps voisin. A réussi malgré la mise hors de combat de la plupart de ses gradés à se maintenir sous un feu violent dans les positions acquises.

BARTHAL (R.-A.-J.-E.-J.), lieutenant de vaisseau : blessé grièvement le 22 décembre, à la tête de ses hommes, à l'assaut d'une tranchée ennemie.

BASTARD (M.-V.-E.-R.), enseigne de vaisseau : officier énergique et actif, s'est particulièrement distingué dans l'attaque du 22 décembre.

SOL (H.-C.-V.), enseigne de vaisseau : grièvement blessé le 22 décembre en menant ses troupes à l'assaut.

MAZEN (A.-N.-C.-G.), enseigne de vaisseau : officier énergique, a fait preuve d'une initiative intelligente et heureuse en se servant d'une mitrailleuse étrangère abandonnée par son armement.

BONNET (J.), enseigne de vaisseau : officier audacieux et adroit, s'est signalé dans de nombreuses reconnaissances de nuit et de jour, notamment avant l'attaque du 17 décembre.

DE LAFOREST DIVONNE (J.), enseigne de vaisseau : a remplacé sous le feu le lieutenant de la compagnie de première ligne qui avait été tué ; a montré beaucoup d'énergie et de jugement dans une position difficile à conquérir et à garder.

LE BOLÈS (E.-L.), officier des équipages : au combat du 22 décembre, a réussi à ramener sa compagnie qui avait fait de très grosses pertes.

Cocheril (J.-M.), officier des équipages : chargé d'une section de mitrailleuses, s'est particulièrement distingué.

Pierre (R.-E.-A.), médecin de 3e classe : jeune médecin d'un dévouement absolu depuis le début de la campagne. Bien souvent sous la ligne de feu et sous les obus.

Vitoux (L.), matelot mécanicien : a pris part volontairement à deux reconnaissances de tranchées ennemies. Marin intrépide.

Dreau (J.), quartier-maitre fusilier : brillante conduite au feu. Commandant l'escouade qui s'est emparée des mitrailleuses ennemies.

Houssin (A.), matelot torpilleur : intrépidité continuelle. S'est distingué dans l'évacuation des blessés.

Dejean (F.), quartier-maitre de manœuvre : brillante conduite au feu et particulièrement au combat du 17 décembre.

Bihan (J.), second maitre de mousqueterie : a très bien conduit une fois de plus sa section au feu.

Cautin (L.), gabier breveté ; Baudry (B.), matelot sans spécialité ; Denier, matelot sans spécialité, ont sauté dans les tranchées allemandes et pris, avec des camarades, deux mitrailleuses et des prisonniers.

Pauoam (J.), maitre fusilier : a pris, sous le feu, le commandement de la 3e compagnie, dont tous les officiers avaient été blessés, et a réussi à la rallier.

Fumoleau (F.), premier maitre de mousqueterie : exempt de service, a rallié sur la ligne de feu. Belle conduite en de nombreuses circonstances.

Pouchard (J.-M.-J.), aumônier militaire : resté seul aumônier de la brigade, a toujours montré le plus grand courage et le plus grand dévouement à secourir les blessés jusque sous le feu de l'ennemi.

II

LISTE DES PERTES DE LA BRIGADE DES FUSILIERS MARINS EN OFFICIERS DU 11 NOVEMBRE 1914 AU 21 JANVIER 1915.

TUÉS

Lieutenants de vaisseau.....	BENOÎT.
—	FEILLET.
Enseignes de vaisseau.......	PION.
—	BLOCHE.
Médecin auxiliaire.........	CHASTANG.
Officiers des équipages......	SOUBEN.
—	SÉVENO.

BLESSÉS

Lieutenants de vaisseau.....	BONELLI.
—	DE MALHERBE.
—	PITOUS.
—	LARTIGUE.
—	RAVEL.
—	LORIN.
Enseignes de vaisseau	VIAUD.
—	BOISSAT-MAZERAT.
Officier des équipages (premier maitre faisant fonction d').	LAURENT.

DISPARUS

Capitaine de frégate........	GEYNET.
Lieutenant de vaisseau......	BARTHAL.
Enseigne de vaisseau.......	SOL.
Officier des équipages......	RAOUL.

III

UN RÉCIT ALLEMAND DE LA PRISE
DE DIXMUDE

Le récit qu'on va lire et que j'ai publié dans la *Renaissance* du 25 décembre 1915, est extrait du carnet de route de Miller Braundenburg, « officier de remplacement d'un régiment d'artillerie », et il porte la date de novembre 1914. J'en dois la communication gracieuse au père d'un jeune fusilier marin de Paris, Luc Platt, décoré de la Croix de guerre, promu quartier-maître pour sa belle conduite et tué à Saint-Georges le 13 février 1916. C'est une copie de la traduction qui circulait depuis plusieurs mois dans la brigade et qui a été faite, me dit-on, par le lieutenant de vaisseau P...-D... L'authenticité du document est incontestable. On ne le lira pas sans intérêt, je crois, et il pourra prêter à de curieux rapprochements avec la version française que j'ai donnée de la prise de Dixmude.

LA SITUATION GÉNÉRALE

« ... Il y avait dans la ville des emplacements de batteries et l'on (1) avait imaginé des ruelles de tir; des mitrailleuses avaient été postées dans les arbres, les tours, les maisons. Le cimetière, qui se trouvait au sud sur la route de Woumen, et le château, situé à un kilomètre au sud de la ville, avaient été particulièrement for-

(1) Les Français et les Belges.

tifiés et étaient reliés avec la ville même par des tranchées. L'assaillant (1), qui faisait face à la ville, était donc pris sous l'action de flanquement des fortifications du canal et de celles du cimetière et du château. Il va de soi que les fermes des riches paysans d'alentour avaient toutes été transformées en positions fortifiées.

« La défense de Dixmude fut assurée par les Belges, les Français, les Indiens, les Turcos et les Sénégalais. Les choses ne se passant pas comme on s'y attendait à Paris ou à Londres (on croyait là-bas jouer un jeu facile avec nos jeunes troupes), messieurs les Anglais disparurent les premiers, puis lentement les Français. En fin de compte, le jour de l'attaque, il n'y avait plus à Dixmude que des Sénégalais et des Belges et quelques fractions de fusiliers marins français. De Turcos et d'Indiens, il n'y en avait plus. Mais c'étaient des troupes de premier ordre.

« Et maintenant les jeunes régiments allemands marchent sur l'Yser; nos troupes sont devant Dixmude. Dans le dernier tiers d'octobre, les boulevards furent pris; puis la division s'avança contre la ville au sud du canal de Zarren. De farouches journées suivirent. Le temps changea beaucoup. De superbes journées ensoleillées succédèrent à la tempête et aux énormes pluies. Nuit et jour on se battit pas à pas. Le sol fut acheté au prix de torrents de sang précieux.

« Au nord de la ville, la division voisine, favorisée par la nature du pays et une moindre force des positions ennemies, franchit le canal et déjà nous espérons pouvoir compter sur un affaiblissement du front de l'adversaire, nous espérons voir tomber la ville entre nos mains en versant peu de sang, lorsque parvient la nouvelle de l'inondation. La division voisine est fière de tenir les ponts au nord de Dixmude, mais l'eau rend impossible

(1) Allemand.

sa progression. Si donc la ville doit nous appartenir, elle devra être prise d'assaut du côté sud-ouest par notre seule division. Les positions ennemies de flanquement, le long du canal, nous obligent à placer une fraction importante de notre division comme protection de flanquement de notre front à l'ouest, et une brigade à laquelle est adjointe notre artillerie a pour mission de prendre Dixmude d'assaut.

« On nomma au commandement de cette brigade d'attaque un officier d'état-major dont le nom avait été déjà sur toutes les lèvres allemandes avant le début de la guerre, le colonel V. R... Deux régiments d'infanterie, un bataillon de chasseurs, notre artillerie, les pionniers, etc., telles étaient les forces qui devaient donner l'assaut et qui maintenant, avec l'aide d'une forte artillerie lourde, travaillaient lentement à la position d'assaut. Sans répit, notre artillerie envoya sa grêle d'acier sur la ville qui bientôt devint un tas de ruines, particulièrement dans la partie sud-ouest. Les positions avancées tombèrent l'une après l'autre. Dès la fin d'octobre, le château était tombé entre nos mains, mais l'ennemi tenait opiniâtrement le cimetière. Par là il flanquait constamment notre champ d'attaque, de sorte que nous ne pûmes acquérir et tenir les tranchées avancées de l'ennemi qu'au prix de gros sacrifices.

« Puis arriva un jour l'ordre : « L'infanterie s'avan- « cera cette nuit de tant de mètres, se retranchera et « tiendra coûte que coûte. » Il fut ainsi fait et la position d'attaque fut acquise. La batterie M de notre division, commandée par le capitaine V. de R..., fut mise en position à 1 600 mètres de la ville ; une demi-batterie, commandée par le capitaine V. K..., se trouvait à 500 mètres de l'ennemi, à notre aile droite. La batterie du capitaine H... fut portée à 350 mètres de l'ennemi et, là, enterrée. Nous étions prêts.

L'ATTAQUE DU 10.

« Le 9 novembre arriva à la division l'ordre : « La
« brigade R... donnera l'assaut à Dixmude à une heure de
« l'après-midi. » L'heure décisive était arrivée.

« Lorsque le jour se mit à poindre (1), nous chevau-
châmes vers le front et gagnâmes le poste d'observation
de la division installé dans une tranchée à environ
900 mètres de Dixmude. Ce poste, deux jours auparavant, servait encore d'abri à nos chasseurs qui étaient
maintenant à 200 mètres devant nous. Une observation
précise montra que l'ennemi était toujours dans ses positions fortement retranchées, tandis que notre infanterie et
nos chasseurs se trouvaient à 150 mètres devant lui. La
nuit, la lutte avait fait rage dans certaines de ces tranchées. Lequel des adversaires en était resté maître, on
n'aurait su le dire.

« A neuf heures précises, notre artillerie lourde et les
autres fractions d'artillerie ouvraient un feu extrêmement
violent sur la lisière sud de Dixmude et les premières
tranchées ennemies qui s'y trouvaient aménagées. Quelle
avalanche de fer et d'acier sur la malheureuse ville pendant ces quatre heures qui précédèrent l'assaut !

« Vers onze heures, on ne savait encore avec précision
par qui, de l'adversaire ou de nous, étaient occupées les
tranchées si chaudement disputées. Je fus envoyé en patrouille. Je pus pousser jusque sur l'avant de notre infanterie et, à midi, je revenais rendre compte de l'état des
choses. La batterie M, qui, sur l'ordre du chef de groupe,
avait jusqu'ici tiré contre Dixmude, ouvrit alors seulement le feu sur son objectif particulier : elle devait pré-

_____

(1) Le 10 novembre.

parer l'attaque des tranchées avancées. Le capitaine M...
avait installé son poste d'observation près de celui de
l'état-major et était relié téléphoniquement à sa batterie.
Bientôt la tranchée avancée de l'ennemi, occupée par des
Belges, des Sénégalais, des Turcos, était encadrée. Le capitaine H... passait au tir d'efficacité « Une salve! »
commanda-t-il par téléphone — *Brrumf!* — et aussitôt
dansaient en l'air les nuages des shrapnells au-dessus des
tranchées. « Hausse d'obus même distance, deux salves! »
Et, là-dessus, les projectiles atteignaient les tranchées.
D'épais nuages de poussière ou de fumée indiquaient
l'endroit où les projectiles avaient frappé. Tout ce que
les canons purent donner le fut; un bruit, un tonnerre
assourdissant remplit l'air.

« Peu à peu, cependant, l'aiguille de l'horloge approchait d'une heure; le moment de l'attaque arrivait. Un
instant avant, la section de la batterie H..., dont nous
avons déjà parlé, située à 300 mètres de l'ennemi, avait
ouvert son feu. Elle s'était tue jusqu'à présent pour ne
pas trahir sa position et ne pas attirer sur elle inutile-
ment le feu concentré de l'artillerie ennemie. Maintenant
elle attaquait.

« Dans la tranchée ennemie, devant elle, deux mitrailleuses dans de solides abris. Celles-ci avaient déjà fait
d'énormes ravages parmi nos jeunes troupes la nuit pré-
cédente. Si, au moment de l'attaque, elles eussent été
intactes, on pouvait s'attendre à voir arrêter la partie de
notre infanterie qui devait progresser par là.

« Entre nous et l'ennemi, là comme sur tout le front,
s'étendait une ceinture de prairies complètement décou-
vertes. Donc, il fallait se débarrasser des mitrailleuses
maudites. La section ouvrait un feu violent sur les deux
ouvrages et il n'y eut bientôt plus à leur emplacement
qu'un amas de ruines : les mitrailleuses ne firent plus
rien aux nôtres.

« Cependant l'artillerie avait donné tout ce qu'elle pouvait et, lorsque l'aiguille de la montre passa sur une heure, elle changea de but pour ne pas mettre notre propre infanterie en danger. Celle-ci sortit alors de ses tranchées et, formée en lignes légères, traversa en courant les prairies pour se porter vers les positions ennemies. A peine était-elle hors de ses tranchées qu'un feu violent de shrapnells partit de la rive gauche du canal et la prit de flanc, mais nous pouvions observer qu'il faisait bien peu de ravages.

« Et maintenant voici le plus beau spectacle. Nos jeunes troupes couleur « grise » pouvaient bien avoir derrière elles la moitié de l'intervalle qui les séparait des tranchées ennemies, que l'ennemi en groupe formé abandonne ces tranchées pour gagner la ville et se hâte de fuir par-dessus la levée du chemin de fer qui borde la lisière sud de Dixmude vers les débouchés. Notre chef de groupe s'en était tout de suite rendu compte et les donnait comme objectif à la batterie M. *Peng !* c'est là qu'éclatèrent les shrapnells. *Pouf !* les coquins jonchèrent le sol. Ceux que le sort épargna se sauvèrent à toutes jambes. Et de nouveau : *Peng !* Ainsi tombaient les salves de shrapnells.

« Mais une partie des Sénégalais et des Turcos — et certes d'une façon très distinguée — ne chercha pas à fuir, se plaça près d'un parapet sur l'avant d'une maison reconnaissable des autres à une affiche sur laquelle était inscrit le nom *Atlas*. La batterie se tourna contre eux : en peu de temps elle culbutait les nègres ; nos « gris » pouvaient enlever le mur sans pertes.

« Tandis que la section de la batterie H... dirigeait son feu sur les ponts de la sortie ouest de Dixmude pour maltraiter la retraite des Français et des Belges, la batterie M arrêtait son feu sur l'ordre du chef de groupe ; la 5ᵉ batterie du capitaine V. K..., dont la tâche se trou-

vait facilitée, entrait en action. A peine notre infanterie
était-elle entrée dans la ville que V. K... faisait avancer
les avant-trains, attelait et gagnait au galop Dixmude par
la route d'Eessen. Il entrait dans la ville, puis, au trot
ou au pas, suivant l'état des rues remplies de débris ou
creusées d'énormes trous d'obus, il atteignait par la place
du marché la sortie ouest de la ville.

« Ce fait produisit une grosse impression sur notre
jeune infanterie; elle poussa des « hourrahs », se préci-
pita derrière cette batterie qui atteignait la sortie ouest
de la ville, dételait sous le feu des shrapnells ennemis,
dirigeait son tir sur le pont du canal et cherchait à
atteindre les derniers restes des troupes ennemies et la
rive protégée de l'Yser. Le pont sautait en l'air : Dixmude était à nous. Il est juste de dire que l'on continua
à se battre dans les rues quelque temps encore, mais
cette lutte ne réussit pas à nous enlever Dixmude.

L'ENFER

« Si nous avions préparé jusqu'ici un enfer dans les
rues de Dixmude à ces chers et vénérés ennemis, l'enfer
était pour nous maintenant. A peine les batteries ennemies eurent-elles acquis la certitude que Dixmude était
indiscutablement à nous, qu'elles ouvrirent sur nous un
feu violent. Tous leurs canons, tous leurs obusiers furent
dirigés contre Dixmude. Les canons de marine anglais et
les obusiers de campagne français envoyèrent leurs « pains
de sucre » sur la ville et nous causèrent de terribles pertes.
Notre courageuse 5e batterie, qui s'enterra à la sortie
ouest de Dixmude, et l'état-major qui s'était rendu en
reconnaissance à Dixmude pendant le bombardement,
pour rapporter des renseignements au commandant de
la brigade, pourront parler de cet enfer de Dixmude.

« Le premier chapitre de l'action de nos jeunes troupes
se termina avec ce fait d'armes. De nouvelles missions
s'offraient à nous. La décision n'est pas encore obtenue :
elle exigera encore des torrents de sang précieux. Le
peuple allemand en supportera le sacrifice, s'il veut s'assurer l'avenir. Vous qui venez et qui viendrez nous remplacer, apportez des nerfs de fer, des cœurs solides et la
volonté absolue de vaincre ou de mourir. C'est seulement
lorsqu'un tel esprit animera nos combattants que nous
aurons la victoire, et nous devons l'avoir.

« MILLER BRAUDENBURG,

« Officier de remplacement d'un régiment
d'artillerie. »

Pour authentique soit-il et assez exact, je crois, dans
ses grandes lignes, le document qu'on vient de lire ne
doit être accepté cependant que sous certaines réserves.
Miller Braudenburg s'est, à diverses reprises, complètement fourvoyé :

1° La défense de Dixmude n'a été assurée que par les
Belges, les Sénégalais (à partir du 25 octobre) et les fusiliers marins. Les Indiens, les Turcos et les Anglais n'y
prirent aucune part. En outre, le 10 novembre, et sauf
dans une partie du secteur Sud, toutes les tranchées
avancées étaient occupées par les fusiliers marins ;

2° La progression ennemie fut uniquement due à
l'inaction forcée de notre artillerie. Après quelques tirs
de barrage, celle-ci dut s'arrêter (on peut le dire aujour-
d'hui) : nos caissons étaient vides. Ainsi s'explique la
débandade des troupes belges, écrasées sous le feu
ennemi sans pouvoir répondre. L'auteur du récit rend du
moins justice aux Sénégalais et aux fusiliers marins,
qu'il prend pour des Turcos et qui se firent héroïque-
ment massacrer. On remarquera par ailleurs le silence

qu'il observe sur les opérations du secteur Nord, que les
compagnies de fusiliers continuèrent d'occuper jusqu'à
une heure avancée de la nuit, ne se décidant au repli que
quand tout espoir d'une contre-offensive fut perdu;

3° Deux ponts franchissaient l'Yser devant Dixmude :
le pont du chemin de fer et le pont-route ou Haut-Pont.
Celui-ci était un pont tournant. Sur l'ordre de l'amiral,
à cinq heures du soir, il fut ouvert : toute l'attention de
la défense se reporta sur les tranchées de l'Yser pour
empêcher l'ennemi de déboucher de la ville. Nous avions
enfin reçu de l'artillerie, tant lourde que légère. Elle fit
d'assez bonne besogne, à s'en rapporter au témoignage
de Miller Braudenburg lui-même, qui constate que
« l'enfer » était maintenant pour lui et ses camarades.

Juste retour, monsieur, des choses d'ici-bas !

IV

LES ALLEMANDS ESSAIENT DE PASSER L'YSER

Il fait nuit : la journée (10 novembre) a été chaude.
Nous avons vu Français et Belges se replier vers le
Haut-Pont et repasser l'Yser. On a coupé le pont et
brûlé la minoterie. La rive droite de l'Yser est désormais
ennemie.

Les Allemands sont dans Dixmude. Ils vont sans doute
essayer de traverser le canal : aussi veillons au bossoir.
Sept heures, huit heures, rien d'anormal. Tout le monde
est à son poste. Un silence de tombeau règne partout.

Nous nous attendons à quelque chose d'anormal. Les oreilles sont tendues pour essayer de discerner tout bruit qui serait sujet à caution. Il est neuf heures : des bruits très discrets se font entendre de l'autre côté du canal : « Les voilà ! me dit à voix basse le pointeur de la pièce Calvez. — Attendez, attendez, lui dis-je, ne... nous... emballons pas ! »

Enfin les bruits se précisent. Ils doivent être en position, c'est le moment. Et je dis à l'oreille de Calvez : « Allez-y maintenant. » Aussitôt notre mitrailleuse crépite. De l'autre côté du canal, la réponse arrive ; deux jets continus de flamme sortent de la gueule de deux canons de mitrailleuses. Je ne m'étais pas trompé : nous allons avoir le temps de faire du bon travail. Successivement, je donne l'ordre au mitrailleur Tarrade (1), qui se trouve à ma droite, et à mon autre pièce, qui est à gauche du front, de prendre part à la fête. Et alors c'est un concert assourdissant : « Ça va, dis-je, nous les aurons. Fauchez, continuez à faucher et à ras de terre. » Mais, dans notre abri, c'est un enfer : zing ! zing ! les balles passent à nous frôler, l'atmosphère est brûlante. L'obscurité de l'abri se colore de reflets rougeâtres. Allons ! on se sent vivre dans cet air embrasé ! Mon chargeur Huon est blessé à la main. « Faites-vous remplacer par l'aide-chargeur, lui dis-je. — Non, lieutenant, on est trop bien ici, ça va ! » répond-il de sa voix tranquille. — Et nos mitrailleuses crachent toujours. Nos caisses à munitions, qui se trouvent derrière moi, prennent feu et commencent à sauter. Je prends celle qui est la plus embrasée et la jette au milieu de la rue. Un pourvoyeur, à côté de moi, est blessé à la cuisse. Mais pas une plainte ne sort de sa bouche. Et, en face, la réponse vient toujours, mais

(1) Blessé grièvement au bras droit en mars 1915, à Saint-Georges.

19

moins saccadée : c'est un duel à mort. Qui aura le dessus ? Il n'y a pas de doute, c'est nous. Effectivement, au bout d'un certain temps que je n'ai pu apprécier, le feu d'en face cesse. Mais nous continuons notre « fauchage ».

Enfin, dès que j'ai la certitude que le « nettoyage » est complet, je fais cesser le feu et j'attends. Au bout de quelques minutes, un léger bruit me fait dresser l'oreille. « Hé !... Encore une bande ! dis-je à Calvez, et fauchez bien. — N'ayez pas peur, lieutenant. » Et la mitrailleuse de balayer la route de gauche à droite. Cette opération « salutaire », je la fais faire à deux ou trois reprises différentes pour gêner légèrement ceux d'en face dans leur discrète retraite...

En somme nous les avons eus ; nous leur avons fait payer chèrement leur audace. Le lendemain matin, aux premières clartés du jour, nous admirons notre tableau de chasse : une dizaine de Boches, dans la position couchée, mordent littéralement la poussière. Quelques caisses à munitions, déchiquetées, gisent sur le sol. Mais les c..., ils ont réussi à enlever leurs mitrailleuses ! Nous sommes dédommagés de cette demi-déconvenue : à une cinquantaine de mètres plus loin, c'est un amas de cadavres boches qui n'attendaient, sans doute, la veille, que le signal de l'assaut pour tenter le passage, si nous n'avions pas su faire entendre dignement le son de nos chères mitrailleuses...

(Extrait du carnet de l'enseigne T...)

V

COMMENT MOURUT LE DOCTEUR CHASTANG

Sur le magnifique dévouement et la fin héroïque du jeune docteur Chastang, on ne lira pas sans inté-

rêt la lettre suivante qu'a bien voulu nous adresser sa
mère :

LETTRE DE MADAME CHASTANG

Vous savez, monsieur, comment, dans la nuit du
24 au 25 octobre, les deux jeunes docteurs Chastang et
Arnould évacuèrent sous le feu de l'ennemi, soit par ambulances ou par brancards, 27 blessés dans des conditions
particulièrement difficiles, ramenant tout leur personnel
intact. Deux heures leur avaient été nécessaires pour faire
les 300 mètres qui les séparaient de nos tranchées avec
leur dernier blessé. Cette scène m'a été racontée en détail
par mon fils lui-même, dans une lettre datée du 27 octobre 1914.

Après m'avoir dit son chagrin de la perte de son ami
Carrelet, « tombé de la belle façon », deux jours auparavant, il continue :

« Je suis heureux de t'annoncer sans orgueil qu'Arnould et moi avons été félicités par le commandant. Pendant deux nuits, nous avons été ramasser des blessés aux
avant-postes et, avant-hier matin, nous l'avons échappé
belle. J'étais avec Arnould, l'aumônier (abbé Pouchard)
et un infirmier. Nous avions pansé et chargé un blessé
sur une porte d'armoire et, notre ouvrage fini, pour sortir
d la maison qui nous servait d'abri, il fallait soigneusement se cacher, car nous étions à 250 mètres d'une
maison d'où tiraient les Allemands. Nous n'avions qu'un
fossé peu profond pour le faire et 300 mètres à parcourir.
Aussitôt sortis de notre abri, les balles sifflent, nous
sommes obligés de nous aplatir au fond du fossé avec
notre malade. Nous essayons de pousser, de tirer notre
porte d'armoire en nous mettant à quatre pattes. Nous
étions trop visibles encore. Il ne restait plus qu'une chose
à faire, se terrer et ne pas bouger. Nous sommes ainsi

restés pendant deux heures et demie; la moindre touffe d'herbe qui remuait recevait des balles. Nous croyions bien rester prisonniers des Boches ou passer dans l'autre monde avant la nuit, et il n'était que midi... Tu ne saurais t'imaginer, ma chère maman, combien il est énervant d'attendre ainsi couché au fond d'un fossé. Enfin, vers une heure, le feu semble avoir changé de direction. Alors, nous tentons le grand coup, nous prenons les quatre coins de notre porte d'armoire et nous partons le plus vite possible sur la route. En quelques minutes nous étions dans les tranchées françaises, à l'abri d'un gros talus. Nous avions mis plus de deux heures pour faire 300 mètres dans un fossé. Aucun de nous n'était touché, et nous avons ramené un malade qui aura certainement la vie sauvée. »

Sur le même sujet, l'abbé Pouchard, aumônier du 1ᵉʳ régiment, m'envoyait la lettre suivante en date du 16 décembre 1914 :

« C'était le 25 octobre. J'étais avec lui et son ami Jean Arnould, nous ramenions un blessé; ces heures resteront à jamais gravées dans ma mémoire. Nous nous sommes trouvés loin de nos lignes, sous le feu direct et croisé de l'ennemi, nous sommes restés deux heures et demie en danger immédiat de mort. On n'a cessé de tirer sur nous. Durant ces deux heures, votre fils pensait à Dieu, il pensait à vous, il pensait à tous les siens, son sacrifice était fait, il savait qu'il était en route vers Celui pour lequel nous sommes faits... Ce jour-là nous avons été sauvés. »

Voici maintenant, monsieur, le résumé d'un écrit me donnant les détails de la fatale journée du 10 novembre :

« Le 10 novembre, dès le matin, le danger paraissait imminent. Le docteur Chastang était au poste de secours situé en avant de Dixmude sur la route d'Eessen, il gardait ses blessés. Les obus l'avaient forcé à descendre tous ceux-

ci dans la cave. Il y resta jusque vers une heure. Alors
des cris se font entendre. Ce sont des bandes d'Allemands
qui arrivent. Votre fils descend à la cave défendre ses
blessés ; les Allemands, qui n'avaient osé passer par le rez-
de-chaussée, arrivent à la cave par une autre voie, mais un
officier était avec eux et le docteur Chastang le recevait
vaillamment et sauvait ses blessés par son sang-froid. Une
heure après une nouvelle bagarre éclatait dans la maison.
Son chef alors était en danger. Il s'interposa, plaida sa
cause et lui sauva la vie. »

Toute la nuit du 11, d'après le témoignage du docteur
allemand Simon, qui m'annonça lui-même le décès de
mon fils, il se dévoua aux soins des blessés tant Français
qu'Allemands. Ces derniers m'ont envoyé, par l'entremise
de ce major, l'expression de leur reconnaissance. Il demanda à quitter Dixmude le plus tôt possible, il souffrait
trop d'être prisonnier si près des nôtres.

Les détails sur les derniers instants de mon fils m'ont
été donnés par le fusilier marin Jules Brun, un vaillant,
lui aussi, grand blessé rentré d'Allemagne il y a deux
mois :

« J'ai été blessé le 10 novembre vers midi, m'écri-
vait-il. Je suis tombé à côté de mon capitaine, M. Sérieyx,
et, quelques instants après, nous avons été faits prisonniers. Les Allemands nous ont fait marcher devant eux
pour traverser l'Yser. Arrivés au bord du canal, nous
avons sauté dans l'eau ; M. Sérieyx a réussi à traverser à
la nage, tandis que moi, ayant quatre balles dans le bras
droit, une dans le coude gauche et l'épaule gauche frac-
turée, je n'ai pas pu nager. J'ai dû rester sur une épave
jusqu'au lendemain vers 9 h. 30. Des Allemands m'ont
retiré et m'ont emmené à l'infirmerie où j'ai revu notre
brave docteur, M. Chastang, qui, à l'approche de l'ennemi,
n'avait pas voulu abandonner ses blessés, et lui aussi était
prisonnier. Toute la nuit, il avait parcouru le champ de

bataille pour ramasser les blessés qui étaient nombreux.
Il était bon et brave ; nous l'aimions beaucoup. Le médecin allemand chef de l'ambulance à laquelle M. Chastang était attaché a été peiné lui-même [de sa mort], car
il reconnaissait que notre docteur avait été brave. Aussi
l'a-t-il fait ensevelir auprès des officiers allemands. A
l'infirmerie, le bon docteur Chastang m'a fait mes pansements et, comme les voitures d'ambulance étaient pleines
de blessés et que je pouvais un peu marcher, le médecin
allemand lui a dit que nous partions tous deux en avant.
Je souffrais beaucoup et mon bras gauche brisé était dans
un triste état, je craignais une amputation, mais M. Chastang me disait, lui, qu'il me soignerait, et ferait son possible pour éviter que je sois amputé. Il me soutenait
sous le bras, nous avions fait environ un kilomètre hors
de Dixmude sur la route de Westen, lorsque, tout d'un
coup, un obus français tombe sur la route derrière nous,
et un éclat l'a atteint dans le dos et il est tombé. Sa dernière parole a été : « Oh! ma... », je pense qu'il voulait
dire : « Oh! maman!... » Il est mort de suite sans aucune
souffrance. Je suis resté près de lui et, quelques instants
après, une voiture d'ambulance arriva et le docteur allemand s'y trouvait. C'est alors que, comme des soldats
allemands étaient occupés à enterrer leurs morts, il donna
l'ordre de venir prendre monsieur votre fils et de l'ensevelir près des officiers allemands. Ce médecin fit faire une
croix et y écrivit lui-même ces mots : *Ici repose un brave
médecin français.* Je suis parti avec l'ambulance, et
l'après-midi un officier allemand me reconnut et me dit
que le médecin français mort près de moi avait été ense-
veli avec tous les honneurs qui lui étaient dus. Je suis
certain que, si la croix est encore en place, je retrouverai
où est votre cher fils. Lorsqu'il m'a vu vers 9 h. 45 du
matin, il me demandait des nouvelles de notre commandant, M. Rabot, de M. Sérieyx, car nous nous connais-

sions bien ; j'étais agent de liaison et M. Chastang prenait
tous les jours ses repas avec le commandant Rabot, M. Sérieyx et M. le docteur Guillet (qui lui aussi a été fait prisonnier). J'allais plusieurs fois par jour à l'infirmerie
porter les ordres du commandant : tous les matins
M. Chastang me donnait une poignée de main. Sa mort
nous a fait beaucoup de peine, car officiers et marins
nous l'aimions beaucoup. Oui, madame, nous aimions
beaucoup nos officiers et nos médecins, car ils étaient
bien dévoués pour nous. Je puis donc certifier que votre
fils a été bien traité, et, une fois mort, les Allemands l'ont
respecté comme un des leurs. Nous savons que les Allemands sont barbares, mais parmi eux il y en a des bons et
le médecin allemand était un de ceux-là. »

La lettre de ce brave fusilier marin concorde. absolu-
ment avec celle du docteur allemand qui, après m'avoir
exprimé ses condoléances, me disait avoir fait inhumer
le corps de mon fils au cimetière d'Eessen par des officiers allemands. Pour terminer, je viens de recevoir la
citation à l'ordre de l'armée concernant mon fils :

. « Le général commandant la région fortifiée de Dunkerque et le 36ᵉ corps d'armée cite à l'ordre de l'armée
le médecin de 3ᵉ classe Chastang, des fusiliers marins, qui
s'est signalé dès les premiers engagements par son courage, son sang-froid et ses qualités professionnelles. Le
10 novembre l'ennemi ayant envahi son poste de secours,
ce jeune officier, grâce à son sang-froid, sauva la vie à son
chef ; frappé à mort le lendemain au cours d'un bombardement en donnant des soins aux blessés français et allemands, a su par son attitude forcer l'admiration même
de nos ennemis. »

VI

DANS LES TRANCHÉES DEVANT DIXMUDE

27 novembre 1914, Pollinchove. — Notre retour de Dunkerque, en automobile d'ailleurs, nous a amenés à Pollinchove, à quelques kilomètres du front, village de six cents âmes à peu près et boueux s'il en fut.

Près de deux mille hommes — le 2ᵉ régiment — tombant à la fois là dedans, ce n'a pas été une mince affaire de nous loger. Ma compagnie a été cantonnée dans l'église; mon lieutenant s'est casé d'un côté, moi d'un autre. Mais tous deux nous nous réunissons dans la journée; notre salle de réunion est la vague salle à manger-cuisine de la maison où j'habite. Les deux fourriers travaillent leurs écritures dans un réduit à côté et la « maison civile » — cuisinier, maître d'hôtel, ordonnances — a son principal domicile dans la cour...

Samedi 28 novembre 1914. — Dans une ferme près de la gare d'Oostkerke (4 kilomètres de Dixmude).

Nous sommes en cantonnement d'alerte. L'autre bataillon est déjà parti en tranchées cette après-midi. Nous le relèverons dans trois jours.

Vendredi 4 décembre 1914. — Dans les tranchées le long de l'Yser, en face de Dixmude (1).

(1) Le carnet d'un autre officier (bataillon Mauras), le lieutenant de vaisseau D..., précise : « Détachés devant Dixmude sous les ordres du colonel d'artillerie, depuis général Boichut, nous y avons réoccupé pendant trois semaines la tête du pont-route et les tranchées du Nord jusqu'au réservoir à pétrole. Les bataillons Mauras et Conti s'y faisaient la relève

Enfin me voici dans ces tranchées dont tous parlaient autour de moi et que je m'agaçais de ne pas connaître. Mais je suis un peu déçu, ce n'est pas l'impression forte, car les choses sont vraiment trop « calmes » à mon gré.

Départ avec ma compagnie, à la tombée de la nuit, de notre petite ferme. Un guide m'accompagne, un peu superflu, car tous ces hommes connaissent le chemin.

D'Oostkerke nous suivons la voie ferrée. Je m'étonne. Cette voie est intacte, à peine 20 centimètres de rail arrachés en un endroit. Pourtant le Boche a bien dû chercher à l'atteindre. La route me parait longue : je porte le sac, comme mes hommes, et réellement je commence à trouver que j'ai dû y mettre bien des choses inutiles.

Pas grand bruit ce soir. Le canon s'est tu à la nuit, et l'on n'entend, encore loin, que le bruit sec, prolongé par l'écho, des coups de fusil.

En route on me montre le passage à niveau de Caeskerke. Jusque-là je n'avais pas vu de maisons bien démolies. Mais ici elles commencent à être ajourées, et dans la nuit ces ruines ont un aspect un peu sinistre de fantômes.

Sur la voie ferrée, un train est resté en souffrance. Des wagons sont tordus, brisés par les projectiles ; mais je remarque en passant la locomotive intacte.

Le chemin devient pénible. Nous franchissons des haies, des ruisseaux. Devant moi, la masse sombre d'un

entre eux ; leurs cantonnements étaient à Lamperuisse et à Oostkerke ; le P. C. du chef de bataillon était à Caeskerke, dans la maison du maire, en face de la gare, où logeaient avec nous les deux aides-majors du bataillon de chasseurs qui tenait les tranchées du Sud. C'est là qu'à notre tour, ayant installé un poste de tir au pont de Dixmude, des tireurs d'élite, dans la journée, descendaient les Boches aperçus dans les ruines. »

talus, surélevé, comme la voie ferrée, au-dessus de la plaine coupée d'eau et de fondrières ; de grands arbres qui le font paraître encore plus haut ; c'est, me dit mon lieutenant derrière moi — à voix basse on a fait passer : « Au silence ! » — la berge de l'Yser.

Un ruisseau à franchir sur un ponceau que passe lentement la longue colonne par un, et je devine dans la nuit des ombres qui s'agitent au flanc de cette digue : c'est la tranchée, on ne va pas plus loin. D'ailleurs les coups de fusil maintenant sont tout proches, et leur « tac » sec résonne aux oreilles, désagréable.

Voici le capitaine de la compagnie que je relève : un lieutenant de vaisseau ; ce sont des marins de l'autre bataillon. Nous nous rendons le service. Une tête de pont — démoli — à défendre : les Boches sont en face, sur l'autre berge, à 30 ou 40 mètres peut-être.

Mes hommes s'installent, les autres partent. Des gourbis de planches et de paille enfouis dans la berge, et. au sommet, des tranchées couvertes de toits faits avec des vieilles portes ou des vieilles planches, recouvertes de terre pour abriter des shrapnells, tel est leur domaine. Les tranchées sont en éléments discontinus pour une ou deux escouades.

Pour moi le logis est plus somptueux : la cave et le rez-de-chaussée d'une maison, au bord du chemin de halage de la rivière. On peut y cuisiner, et les ordonnances procèdent à l'installation, préparent déjà quelque chose de chaud.

Dans la nuit, de la tranchée, je cherche à voir le paysage. Devant moi, l'eau noire de l'Yser coule lentement. En face se dressent les maisons de Dixmude ; j'essaye en vain de distinguer la tranchée d'en face. Parfois cependant la lueur d'un coup de fusil m'en fait deviner l'emplacement. Le silence lourd, impressionnant, n'est troublé que par le bruit bref des coups de feu, sec du côté

ennemi, plus sourd du nôtre, et par le grondement lointain de la canonnade : « Nuit calme, » disent les communiqués.

Au jour j'ai pu plus à mon aise contempler l'aspect des
choses. Il y a dans ma maison, — je l'admire, cette maison, elle tient encore, malgré les pans de mur effondrés,
par la force du raisonnement, — il y a un grenier qui est
un observatoire fort précieux. Il ne faut pas trop s'y re-
muer, car il y manque beaucoup de tuiles, et le faction-
naire d'en face, qui n'est qu'à 40 mètres, pourrait bien y
voir.

De là, la vue s'étend sur une vaste plaine coupée de
haies et de bouquets d'arbres, sillonnée de canaux dé-
bordés, et qui parait morte, déserte. Pas un être vivant
n'apparaît, d'un côté comme de l'autre, à première ins-
pection. Il n'y a même pas d'oiseaux, et parfois même,
des heures durant, il règne, sur cet étrange désert ver-
doyant, un silence de mort qui glace l'imagination. Le
pont devant moi n'est plus qu'un tablier cassé, à demi
englouti dans l'eau, reposant sur des piles branlantes. Et,
au nord, un lac immense, l'inondation, couvre la plaine
d'une nappe immobile, d'où émergent des haies déchiquetées, des clochers démolis aux bizarres silhouettes,
des murs informes. Tout cela se reflète dans le miroir
immense.

Je prends mes jumelles et le paysage figé devient
sinistre : des barricades faites d'objets hétéroclites, des
levées de terre semblables à des taupinières révèlent les
créneaux menaçants où les adversaires s'épient, comme
des chasseurs à l'affût. Ces lignes minces s'aperçoivent à
peine ; de petites masses bleues ou grises gisent seulement
dans leur voisinage, piquotant les prés verts ou la terre
brune. Ce sont des cadavres, dont on peut distinguer parfois les visages verdis, les cheveux délavés et collés par la
pluie, les ventres ballonnés, et dont nul ne se soucie que

quand l'odeur de leur pourriture gêne par trop les vivants.

Ailleurs ce sont des troupeaux surpris par un projectile, qui sont restés là, fauchés en paquet, victimes innocentes de la rage de l'homme. Quelquefois la position où elles furent saisies dit la fuite éperdue.

Rarement on a la vision fugitive d'un être humain : joue rose qui bouge derrière un créneau, silhouette qui passe, preste, dos courbé, dans une échancrure. Même, des heures de patiente observation m'ont laissé voir, dans le lointain, cinq cavaliers boches galopant sur une route.

Hier après-midi, j'ai été convié à voir exécuter un tir de 155 Rimailho sur Dixmude. Cela m'a permis d'apprécier les effets et la justesse du tir de l'artillerie française. Une maison sur laquelle est tombé le premier projectile a été volatilisée; il paraît qu'on a ainsi démoli une pièce de 77 amenée par les Boches pour battre l'entrée de la ville en cas d'attaque. La grande minoterie qui fait le coin du pont sur l'Yser en a pris son compte : les 155 ont déchiqueté sa grande muraille déjà passablement trouée. Mon lieutenant me raconte que cette minoterie a été construite par un Boche avec une solidité particulière, tout en béton armé. Elle formerait ainsi un fortin solide, juste à une tête de pont importante sur la route de Calais. Ces Boches ont pensé à tout.

Pauvre Dixmude! Après les Boches, les Français démolissent. De loin, j'imagine la petite ville coquette et paisible de la Flandre, dont je ne vois maintenant qu'un amas de toits en dentelles, de murs éboulés, dominés par un clocher échancré.

Les artilleurs boches répondent. Des 77 vers le passage à niveau de Caeskerke, d'autres sur nos voisins de gauche. Mais cela paraît des pétards à côté des 155.

Cette nuit je n'ai dormi que d'un œil. Le colonel qui commande le secteur — un artilleur, car le bataillon, détaché, est aux ordres de l'armée de terre — a parlé d'attaque possible. Aussi je dresse l'oreille au « coin-coin » du vibreur du téléphone, innovation que mes hommes considèrent avec respect, car on l'a installé avant-hier, et c'est le premier téléphone de campagne qu'ils voient. J'ai fait presser la confection de pétards de mélinite bourrés de vieux clous, qu'on nous fait fabriquer par deux torpilleurs mineurs, tout heureux de retrouver leur ancien métier. Cette autre innovation me rappelle les grenades d'autrefois : tout rajeunit.

De fait, chez les Boches, cette nuit, les cris de chouettes ou d'oiseaux divers ont marché. Ils ont des sifflets pour imiter cela, et chaque cri a sa signification, du moins mon lieutenant l'affirme.

Mais rien ne s'est produit. Nous serons relevés tout à l'heure, et je n'espère plus voir quelque chose avant.

Samedi 5 décembre. — Dans une ferme entre Oost-kerke et Lampernisse, au cantonnement.

Assis à une table, près de l'obligatoire poêle-cuisine qui chauffe bien, je goûte pleinement le confort rustique de la grande et haute salle à manger de la ferme. Mon cantonnement, cette fois, est superbe. C'est une grande ferme, dont les vastes communs logent largement mes hommes dans une paille abondante et chaude et dont le bâtiment d'habitation abrite, outre le fermier, sa femme et ses enfants, un état-major de brigade belge et nous. Une grande chambre avec un lit de camp garni d'une couche de paille, au premier étage, assure un repos agréable la nuit aux officiers, tandis que le jour la salle à manger nous réunit tous autour du général, homme affable et simple. Aux repas, nos ordonnances unissent leurs ressources et leurs talents, et leurs menus sont, ma foi, fort honorables, d'autant que lait et beurre s'achètent à côté.

La vie est calme et paisible. A peine, dans la journée,

quelques salves de 105, assez loin pour n'être pas gênantes, assez près pour être, en flânant, une distraction. Pourtant on me raconte la triste histoire de trois compagnies de chasseurs alpins, ceux-là mêmes que nous avions près de nous en tranchées, cantonnées ensuite dans l'église de Lumpernisse. Le village, qui n'avait pas encore été bombardé, avait conservé tous ses habitants, lorsque, le soir, le garde champêtre vint leur conseiller de déménager avant neuf heures. Eux partis, à dix heures, en pleine nuit, les Boches ont envoyé dix ou onze projectiles de 210. Le premier, tombé sur l'église, a jeté bas la voûte : 45 morts, 120 blessés fut le bilan. Méfiez-vous, nous disent les officiers belges eux-mêmes...

Ces officiers belges sont d'ailleurs fort aimables et nous donnent d'intéressants détails. On reconstitue l'armée belge ; des divisions, la leur par exemple, sont complètement remises sur pied, et ils nous parlent de 100 000 hommes qui d'ici peu seront bien en mains, sans parler des recrues que l'on instruit en France. Voilà qui est réconfortant.

Mes hommes de leur côté sont au mieux avec les soldats belges de l'état-major, et ceux-ci répondent avec bonne grâce à leurs questions. Tout à l'heure j'ai fait la « paye » de mes marins, assisté de mes deux fourriers et ils en profitent pour acheter aux fermiers — fermiers provisoires, car ce sont des réfugiés qui ont remplacé le fermier parti — du lait, des œufs, même des poulets pour varier leur ordinaire.

Cette paye d'ailleurs était impressionnante. A l'appel des noms, combien de fois m'a-t-on répondu : mort, disparu !

Mardi 8 décembre. — Sur le bord de la route d'Ypres, près d'Oostvleteren. En halte.

Je ne devais pas revoir les tranchées de Dixmude. Nous

avons reçu l'ordre de départ et de rassemblement hier. Ce matin, les compagnies se retrouvaient à Lampernisse, et le bataillon s'ébranlait, saluant au passage la tombe des 45 chasseurs de l'église.

Nous ne pouvions avoir un temps plus magnifique. Le soleil clair, dans un ciel pur, d'un bleu un peu pâle, illumine toutes choses et, malgré la fatigue de la route, mes hommes chantent joyeusement. Je m'amuse du contraste de ces chansons, mélopées de Bretons ou chants ardents de Méridionaux, dans ce paysage uniforme du Nord.

Nous traversons Loo, Pollinchove, quitté il y a dix jours, nous serpentons à travers les prés, les chemins, où les flaques d'eau et de boue rappellent le temps triste des derniers jours.

Dans un champ, des clairons d'un régiment de territoriaux s'entraînent à jouer de leur instrument. Curieusement, nous les regardons, désaccoutumés d'entendre les cuivres entraînants.

Sur la grande route de Furnes à Ypres, nous croisons un défilé incessant de convois d'automobiles, belges, françaises, anglaises. Il y a beaucoup de voitures d'ambulance belges et anglaises qui font ici presque tout le service des blessés. D'ailleurs n'ai-je pas un jour rencontré un poste de secours tenu par une Anglaise médecin et une autre infirmière-chef, cela dans la zone des marmites, à 1 500 mètres des Boches? Nos blessés devront beaucoup à ces hommes et à ces femmes héroïques, qui font des prodiges.

Nous faisons notre grande halte sur cette route fréquentée qui donne bien l'impression d'être une artère de l'organisme compliqué qu'est la ligne de feu. Une chance : je rencontre dans une automobile un officier d'état-major que je connais, et comme il cherche lui-même à déjeuner nous faisons un repas frugal, mais chaud, dans un des « estaminets » qui bordent la route.

Nous avons dépassé Oostvleteren, un village flamand qui certes n'eût jamais cru un jour être si animé, et au loin, à travers les grands arbres de la route, on entrevoit le clocher de Woesten, presque Ypres. C'est le déclin du jour.

(Extrait des *Impressions de guerre* de l'enseigne D...)

VII

LE CAPITAINE BENOIT

(Extrait d'un discours de M. Robert Blanchard aux boy-scouts.)

... Notre première rencontre, provoquée par une relation commune qui avait entrevu l'intérêt que m'inspirerait l'œuvre de Nicolas Benoît, date du printemps de 1913. Elle fut de celles où l'on se sent conduit comme par la main vers une destinée nouvelle et, lorsque après un entretien de près de deux heures nous nous séparâmes, j'avais trouvé deux choses précieuses : un ami et un but de travail qui répondait à des aptitudes, à des aspirations jusqu'alors encore imparfaitement révélées à moi-même.

Quel était donc cet homme à l'action si puissante, me demandent ceux d'entre vous qui ne l'ont pas connu, et quel était le secret de son ascendant? Était-ce un athlète, car vous l'appelez « le chevalier (1) », un char-

(1) Le lieutenant de vaisseau Benoît avait publié en 1910, chez Durville, sous le pseudonyme de Victor Morgan, *la Voie*

meur plein d'éloquence, au geste entraînant, exprimant
les convictions chaudes et fortes de son apostolat?

Apôtre, il l'était, mes amis, mais la force qui éma-
nait de lui et vous conquérait n'était due à rien de matériel. Il était, au sens propre, une âme dans un corps, car
le corps, chez lui, donnait l'impression d'être négligeable;
l'âme dominait, donnant au corps son empreinte visible,
lui commandant en toute circonstance... Par elle il était
comme invincible, car on sentait que le maître lui inter-
disait d'éprouver souffrance ou fatigue et, de fait, nous
savons comme il poussait cette énergie jusqu'aux extrêmes
limites de la résistance physique. Sobre de confessions per-
sonnelles, même avec ses intimes, Nicolas Benoît ne m'a
jamais avoué le peu de prix qu'il attachait à la vie en tant
que prolongation de notre présence sur cette terre, mais tout
son être l'exprimait. La vie valait pour lui par le bien
qu'elle lui permettait d'accomplir, mais il l'eût donnée
sans hésitation pour assurer le succès de notre scoutisme,
comme il l'offrit à la France le jour où elle le lui demanda.

Mais il est d'autres causes au charme qu'il exerçait :
cet homme à l'abord simple arrivait parmi vous, et vous
sentiez une noblesse se dégager de sa personne. Puis il
vous prenait le bras et, tout en marchant, devisait avec
vous d'un jeu à combiner ou d'une passerelle à construire,
et vous aviez à votre côté un grand frère. Il était bien
venu là pour vous aider, mais, sous son calme, vous le
deviniez aussi jeune que vous, revivant avec vous les ex-
ploits aventureux de sa jeunesse, ses années d'Alger. Il
vous écoutait plus qu'il ne parlait et certains, dans ces
instants où il s'effaçait presque, ont pu se demander en

du Chevalier, essai d'éducation ésotérique dédié « aux hommes
d'action, aux chercheurs d'idéal, aux esprits libres de préjugés
et de crainte, pour les aider à résoudre les problèmes de la
société d'aujourd'hui. »

quoi consistait la supériorité de ce numéro 1 de Navale.
Il fallait l'occasion pour que s'affirmassent sa vision si
nette, sa décision si prompte, qui d'un mot solutionnaient
la difficulté, encourageaient votre volonté peut-être dé-
faillante. Le chef s'était révélé et était obéi.

Tandis que chez les autres hommes l'impassibilité est
le plus souvent faite d'indifférence et d'inertie, chez Nicolas Benoit le calme jamais démenti était un don naturel
qu'avait développé la longue, patiente lutte contre les
difficultés multiples de sa vie. Ce calme était fait de souffrance dominée, d'indulgence infinie pour les faiblesses
des autres et d'une rare exigence pour les siennes propres
et, par-dessous tout cela, bruissait la fraicheur de ses sentiments et d'une jeunesse de cœur restée entière.

... Ce qui tient presque du prodige et met Nicolas
Benoit encore plus à notre portée comme modèle vivant
à proposer à vos efforts, c'est que sa maturité d'esprit et
de cœur date de son adolescence même. Une heureuse
circonstance m'a récemment fait rencontrer un ancien
condisciple de notre ami. Chirurgien de renom et homme
de cœur, le docteur X... a conservé de notre « chevalier », tel qu'il l'a connu au lycée d'Alger, un souvenir
fidèle.

« J'ai toujours connu Benoit tel que vous me le dépeignez, me dit le docteur X... : ni moi ni aucun de nos camarades communs ne se rappelle de lui un mouvement
de colère, ni même d'impatience. Nous avions caractérisé
son goût et son ardeur pour les mathématiques en le sur-
nommant « Lambda » et parfois, agacés de le voir inva-
riablement le premier en toutes matières, ne « lâchant
« jamais la corde », comme nous disions alors, nous ten-
tions de lui faire sentir un peu brutalement notre supériorité physique à l'occasion de nos jeux ou de nos
épreuves sportives. Si dépourvues de noblesse que fussent
ces tentatives, elles n'en demeuraient pas moins impuis-

santes; Benoît conservait son sourire calme et aucun de nous ne lui a vu faire en ces occasions un mouvement de mauvaise humeur. Le camarade faible ou souffrant était assuré de trouver en lui aide et réconfort. Il était, tout jeune, le chevalier Benoît que vous dépeignez. »

Benoît liait toujours dans son esprit la notion de Bonté, de Droiture parfaites à la question de Temps. Jamais impatient, ayant foi absolue dans le triomphe de la Volonté au service du Bon, du Beau et du Vrai, dans ce qu'il savait être la Volonté de Dieu, il avait souvent coutume de dire que nous ne tenons pas assez compte du Temps, que rien ne se peut faire par à-coups, et que ce que nous édifions manque souvent de solidité et d'harmonie, parce que nous l'avons construit hâtivement.

... J'aurais mal connu notre ami, je l'aurais confusément senti, si je n'exprimais ici la conviction immuable qu'il a marché aux mitrailleuses ennemies à la tête de ses Bretons sans avoir ouvert son cœur à la haine. N'est-elle pas sublime, cette attitude de toute une vie qui ne se dément pas un instant, qui est un acte prolongé de patriotisme éclairé et d'amour de l'humanité et qui atteint son point culminant dans l'absolue maîtrise de soi sous la mitraille, maîtrise telle que je ne puis me représenter Nicolas Benoît autrement que pardonnant à ses ennemis au seuil même de l'Éternité?

... Quel nom, mes amis, mieux que celui de chevalier siérait à cet apôtre doublé d'un preux, et ne voyez-vous pas avec moi étinceler aux rayons de son trépas glorieux l'armure de ses vertus? Faite non d'acier fragile et périssable, mais de volonté calme, de droiture inflexible, d'esprit de sacrifice, elle prêtait à ce grand réalisateur une rigidité et comme une invulnérabilité que tempérait vite la chaude émanation d'un cœur chevaleresque, resté jeune de foi vivante, d'ardeur agissante toujours en éveil. Invulnérable, il l'était par delà la mort, et j'en veux pour

garant l'anecdote suivante, la seule, je crois, que me conta
sur lui-même cet homme si avare de détails personnels.

Un jour, en rade de Brest, le jeune aspirant, manœuvrant une chaine de corps mort à bord d'un canot, se trouva le bras droit pris entre la chaîne qui filait par le fond et le bordage du canot. Le bras fut comme mâché et Nicolas Benoît allait être entrainé avec la chaîne, quand, providentiellement, celle-ci, dans sa descente, rompit le taquet qui la retenait au canot. Mais, sous l'intensité de la douleur, notre ami perdit connaissance. « A ce moment, me dit-il, je sentis un dédoublement de ma personne et j'assistai impassible à la douleur de mon corps. Depuis cette heure-là j'ai toujours eu le sentiment que je pourrais traverser victorieusement la souffrance et même la mort. »

FIN

TABLE DES GRAVURES

TABLE DES MATIÈRES

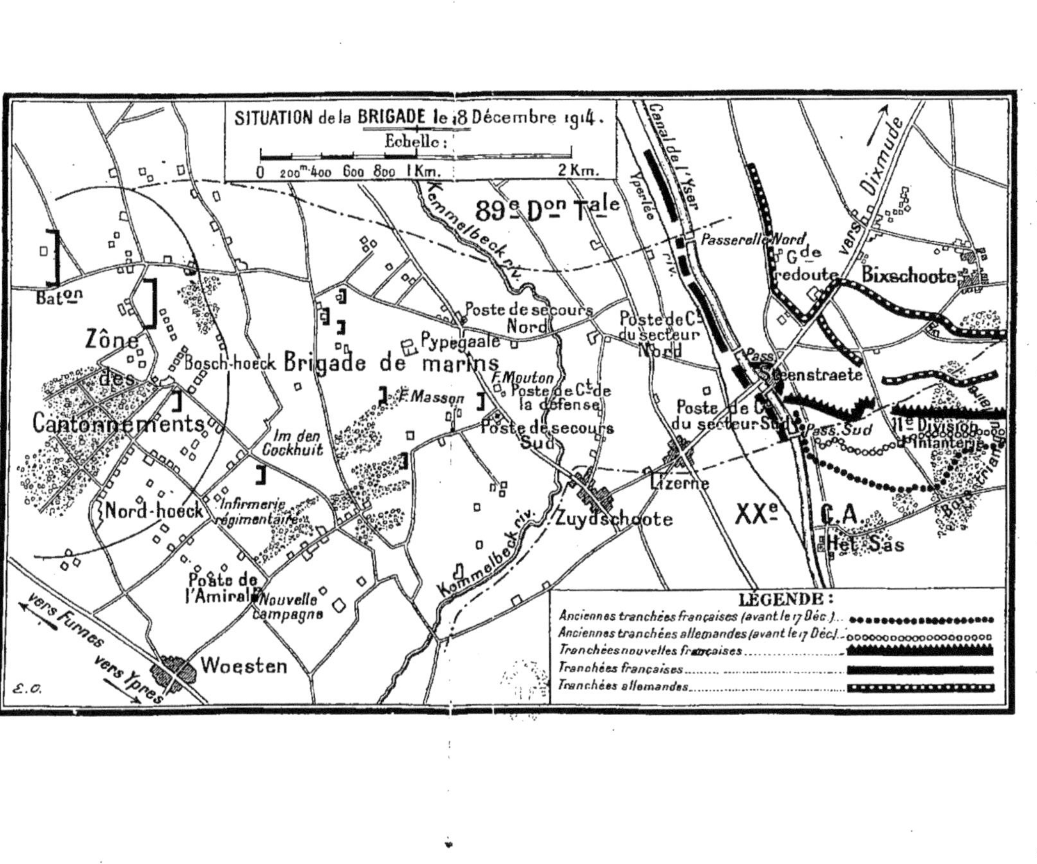

SITUATION de la BRIGADE le 18 Décembre 1914.
Echelle :
0 200m 400 600 800 1 Km. 2 Km.
Canal de l'Yser
vers la Dixmude
Yperlée
89e Don Tale
Kemmelbeck riv.
riv.
Passerelle Nord
Bat on
Poste de secours Nord
Gde redoute
Bixschoote
Poste de Cs du secteur Nord
Zône des Cantonnements
Bosch-hoeck
Brigade de marins
Pypegaale
Pass
Steenstraete
F. Mouton
Poste de Ct de la défense
F. Masson
Poste de Cte du secteur Sud
IIe Division d'Infanterie
Im den Gockhuit
Poste de secours Sud
pass. Sud
Bois Triangle
Nord-hoeck
Infirmerie régimentaire
Lizerne
Zuydschoote
XXe C.A.
Poste de l'Amiral
Nouvelle campagne
Kemmelbeck riv.
Het Sas
vers Furnes
vers Ypres
Woesten
E.O.
LÉGENDE :
Anciennes tranchées françaises (avant le 17 Déc.)
Anciennes tranchées allemandes (avant le 17 Déc.)
Tranchées nouvelles françaises
Tranchées françaises
Tranchées allemandes

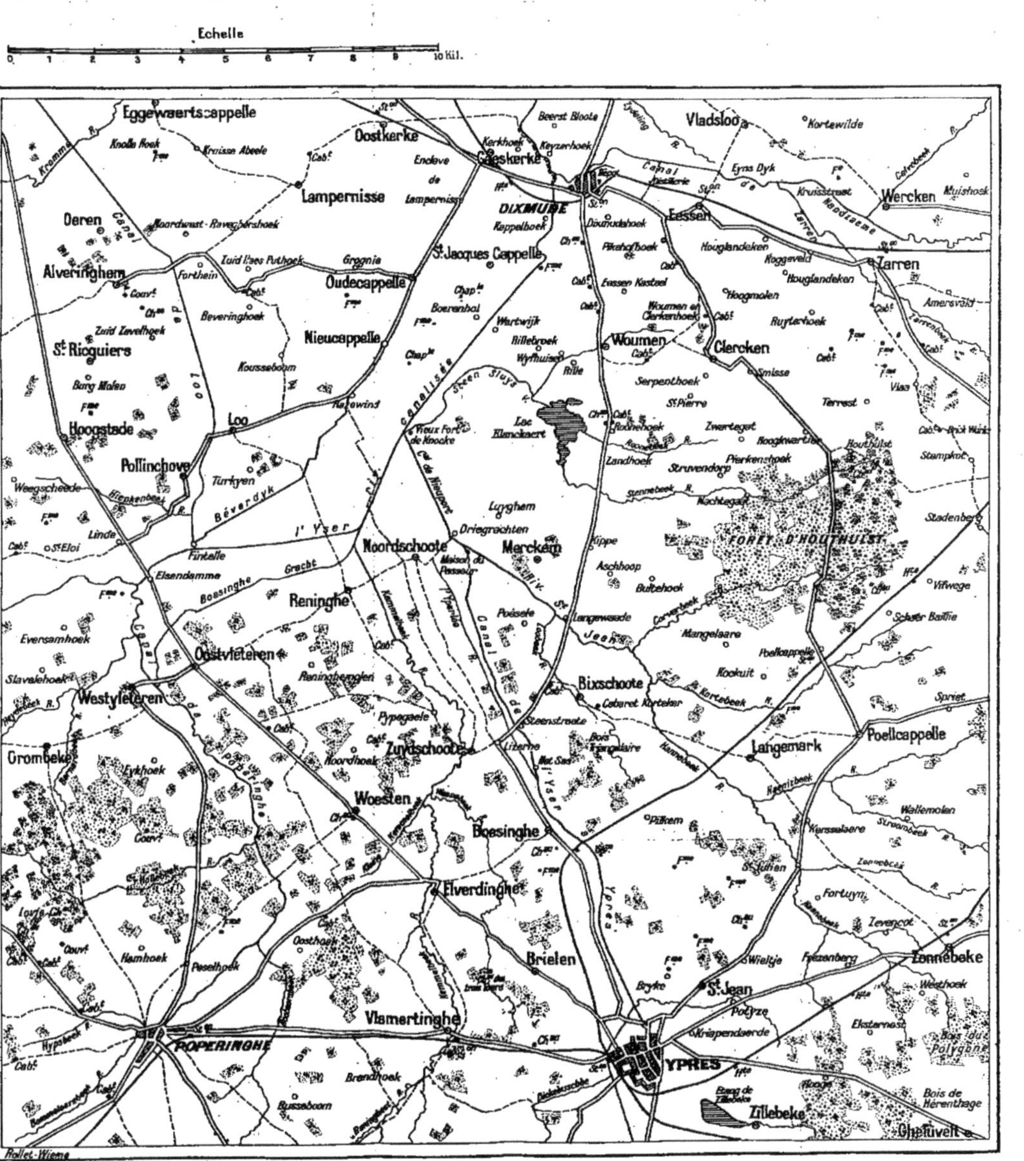

CARTE GÉNÉRALE DES OPÉRATIONS

PARIS

TYPOGRAPHIE PLON-NOURRIT ET Cie

8, RUE GARANCIÈRE